Del sexilio al matrimonio

Norma Mogrovejo

Del sexilio al matrimonio

Ciudadanía sexual en la era del consumo neoliberal

Dos estudios de caso:
Migración y sexilio político
y
Madres lesbianas, familias resignificadas:
poco sexo, más clase y mucha raza

CUARTA EDICIÓN

Westphalia Press
An Imprint of the Policy Studies Organization
Washington, DC
2020

Del sexilio al matrimonio

FOURTH EDITION

All Rights Reserved © 2020 by Policy Studies Organization

Westphalia Press
An imprint of Policy Studies Organization
1527 New Hampshire Ave., NW
Washington, D.C. 20036
info@ipsonet.org

ISBN: 978-1-941472-38-5

Interior design by Jeffrey Barnes
jbarnesbook.design

Daniel Gutierrez-Sandoval, Executive Director
PSO and Westphalia Press

Updated material and comments on this edition
can be found at the Westphalia Press website:
www.westphaliapress.org

Índice

Norma se atreve

Conocimos a Norma Mogrovejo en la Ciudad de México en el 2009. Su casa fue una puerta abya-yalana que se nos abrió en acogida. Participamos con ella en el Encuentro Feminista Latinoamericano y del Caribe al que precedía otro de Feministas Autónomas, ella era parte de la *ekipa* organizadora. Posteriormente estuvimos en los encuentros de Lesbianas Feministas del Abya Yala. Su militancia política es lesbofeminista. Ha escrito entre otros, un interesante estudio sobre la historia del movimiento lésbico en América Latina, *Un amor que se atrevió a decir su nombre*, trabajo en el que rastrea, registra y analiza esa historia que, evidentemente, no es nueva, aunque se siga considerando emergente.

Con *Del sexilio al matrimonio. Ciudadanía sexual en la era del consumo neoliberal*, ahora publicado en el estado español por la editorial vasca libertaria DDT, la autora nos lleva de la mano al proceso del sexilio, el éxodo que lxs disidentes sexuales debieron atravesar para lograr una vida digna en su calidad de humanos, fuera de la amenaza o la violencia ejercida por la familia, la escuela, el trabajo, el barrio o el estado. Sin embargo, ese reconocimiento no estuvo ajeno a la apreciación como potenciales consumidores de un mercado rosa, a través del cual se refuerzan los valores de una civilización blanca, republicana y consumidora. El análisis que propone Norma pone en cuestión la universalidad de los derechos individuales y las instituciones de derechos humanos bajo los modelos del mercado neoliberal que condicionan la calidad de humanidad y ciudadanía a la capacidad de consumo y, en consecuencia, al reconocimiento del mercado como el lugar político fundamental para el reconocimiento de la calidad de sujeto.

Migración y Sexilio Político, la primera parte del libro, la realiza a partir de un estudio cualitativo basado en entrevistas a profundidad, realizada en Estados Unidos con personas de América Latina, exiliadas por motivos sexuales. Las entrevistas dan cuenta de vejaciones, discriminaciones y malos tratos causantes de lo que ella denomina SEXILIO.

En este primer estudio, Norma Mogrovejo hace un recorrido por la persecución a la que están sometidas las disidentes sexuales en sus países de origen y los efectos del sexilio en un país que por cercanía es Estados Unidos, cuya bandera es el consumo y la doble moral.

Situemos el sexilio en su contexto internacional. En el nuevo orden internacional del neocolonialismo capitalista heteropatriarcal se aprecia una continuidad del sistema político autoritario de los setenta, especialmente en América Latina. Según Norma, es este orden internacional que paradójicamente reclama y condiciona a los otros Estados el respeto a los Derechos Humanos como una cuestión previa para la legitimación del poder; derechos entendidos fundamentalmente como derechos liberales, individuales y universales, cuando en realidad se está restringiendo la libertad real anteponiendo la libertad de mercado, la del consumismo individual. Las actuales democracias deben ser funcionales para la absoluta apertura a los mercados y al capital trasnacional. Por ello se aplican políticas genocidas que buscan la desarticulación de la sociedad civil y las alternativas de izquierda, así como la eliminación de toda disidencia sexual, mediante su neutralización y derechización para hacerlas funcionales al nuevo sistema global, parecido al sistema imperante en los años setenta.

No nos equivoquemos. Vivimos en un estado de derecho… de derecho de la propiedad privada y de los mercados. Esta estrategia de defensa de los Derechos Humanos significa, en la práctica, la legitimación de la explotación de los seres humanos y de la naturaleza, lo que, según Mogrovejo, aumenta aún más la diferencia entre el Norte y el Sur, que no es otra que la brecha entre ricos y pobres, siendo la estrategia discursiva funcional del capitalismo neoliberal y de la democracia formal.

Las identidades son lugares estratégicos desde donde el/la sujeta parte para luchar por su libertad, dice Norma. Sea desde la reivindicación de un género, preferencia sexual, opción política, modo de vida y ejercicio de placer, la identidad sigue siendo el lugar desde donde defender el territorio del cuerpo; sin embargo, subraya los procesos de concienciación de la mayoría de los sexiliados, que han sido solitarios y personales y se enfrentan a regímenes políticos con formas de opresión transversalizadas.

En este contexto, los altos niveles de violencia dirigidos a lxs disidentes sexuales en el Abya Yala son una realidad preocupante (dado que muchas más personas ni siquiera figuran en los registros y estadísticas). La mayor parte de las personas acosadas por disidencia sexual podrían ser sujetos de asilo político en Estados Unidos. Ante ello cabe preguntarse: ¿hasta qué grado de represión deben mantenerse en los países de origen? ¿Qué pasaría si todos los disidentes sexuales con justas razones abandonáramos nuestro país? Mogrovejo reflexiona ante estas preguntas intentando ponderar los límites de la posibilidad de luchar por transformar la realidad en la propia región. Ella misma se sexilió de su Perú natal para establecerse en México. Y se pregunta si realmente Estados Unidos es el paraíso y modelo ante la falta de soluciones que los países latinoamericanos son incapaces de otorgar. Incluso va más allá, se pregunta sobre la significación del clima de violencia en América Latina.

Los Estados de América Latina han superado formalmente el tránsito a la democracia, pero han instalado la figura del *estado de Excepción* de forma permanente, como manera de traspasar el derecho vigente, es una operación amparada desde el propio derecho que alarga el brazo del estado y el alcance de su violencia. Este Estado de Excepción se ha convertido en norma habitual sobre una parte de la sociedad que queda fuera del orden instituido. El derecho iguala sólo a los iguales, mientras que quedan fuera los *anormales*, la población indígena y las mujeres. Un contrato social entre hombres, basado en la diferencia y el binarismo sexual, es lo que le confiere, en palabras de Curiel, a toda *Nación heterosexual* el carácter de régimen político.

¿Pero realmente es la alternativa Estados Unidos? De hecho ha posibilitado la sobrevivencia a muchos disidentes sexuales que han conseguido asilo político o están en trámites de ello, pero el *American way of life* aparece ante la disidencia sexual -de nuevo- como el modelo atractivo, el paraíso democrático alternativo a los países propios. Países, sin embargo, en los que Estados Unidos apoya golpes de estado y ahoga en lógicas fundamentalistas que impiden libres decisiones sobre los destinos personales y nacionales. La pescadilla que se muerde la cola.

En el segundo texto de este libro, *Madres lesbianas, familias resignificadas. Poco sexo, más clase y mucha raza*, la autora pone en cuestión las familias reconstituidas en el mundo lésbico con la dinámica de la solicitud de derechos que ha tenido el movimiento hacia el estado y el otorgamiento del matrimonio como expresión de igualdad con el modelo heterosexual. En tanto que el estado nación se organiza a partir de las instituciones del matrimonio, como instituciones de control social, Norma se pregunta sobre los significados de la reconfiguración de estas nuevas formas de familia. Con el matrimonio, base del sistema patriarcal capitalista, se fundamentan prácticas y valores como la monogamia obligatoria, la búsqueda de descendencia, la herencia, la división sexual del trabajo, etc. Aunque pudiera parecer que la aprobación legal del matrimonio de personas del mismo sexo es "la" gran conquista del movimiento homosexual, esta práctica significa la actualización y renovación de esta institución nuclear. Su apuntalamiento en medio de la crisis del sistema será la integración por la vía del consumismo. Integrarse en el mercado rosa es lo que da la verdadera ciudadanía. Tanto tienes, tanto vales y se te respeta.

Otro de los fenómenos que encontramos dentro de estas concesiones que nos hace el estado nación es el baby boom dentro del colectivo lésbico. Concesiones en cuanto facilita con métodos cada vez más accesibles el poder tener hij@s. Aquí podemos encontrar otra manera de colonización blanca y neoliberal ya que el semen que las lesbianas en su mayoría eligen es aquel que les pueda llevar a tener hij@s de cabellos cada vez más rubios y de ojos claros y así tener esa idea de mejoramiento de la raza. Los costos que esto implica convierten a la elección en clasista y racista.

La biopolítica es el marco de acción también para las parejas de homosexuales, que en esta sociedad neoliberal y de consumo acceden a los vientres subrogados; qué cuerpos son los que importan, qué tipo de cuerpos son los que se alquilan y qué tipo de cuerpos son los que las lesbianas están eligiendo para sus hijos. Mogrovejo denomina el fenómeno *epistemicidio*, puesto que supone volver al modelo de blanqueamiento e implica la asunción del conocimiento y de los valores de una sociedad blanca y colonialista.

Las llamadas nuevas tecnologías reproductivas (NTR), reproducción asistida, *in vitro*, o vientres subrogados, que en el caso de los países del sur implica aceptar la tecnología y los conocimientos científicos del Norte, supone altos costos económicos, lo cual se convierte en una cuestión de clase, de acceso únicamente a un grupo reducido de mujeres. El mercado posibilita la elección del producto, y las preferencias priorizan, en un contexto racializado, el fenotipo blanco de los rasgos genéticos del embrión, incluso entre indígenas y mestizas. Una perversión del mercado neoliberal que reconfigura la colonización del cuerpo-territorio del Sur. La blanquitud supone también una bio-política de exterminio.

Con estas concesiones de derechos pareciera que los colectivos han claudicado al modelo de familia blanca, monógama y heterosexual. Este libro que presentamos nos invita a la reflexión y a la búsqueda de nuevas maneras de relacionarnos para no someternos al orden establecido.

Finalmente Norma se atreve a plantear la desobediencia epistémica, el rechazo a la supuesta modernidad occidental del crecimiento sin límites y se pregunta si poner nombres de familia por comunidad, ayllu, Ch'i'ibalil, lák'tsilil, alaxik, nepentlatkikayotl... posibilitaría pensar fuera del pensamiento colonial patriarcal y re-significaría los afectos y la institución, y lo plantea como una aventura por inventar.

Leer estas páginas supone atrevernos a aceptar el reto de cuestionar nuestra sexualidad y las relaciones afectivosexuales que emprendemos, cosa nada fácil si queremos hacer política con ello. Una abundante bibliografía ayuda en el empeño.

Marta Brancas y Maite Irazabal

Bilbao, noviembre de 2017

Prólogo

L a mirada que Norma Mogrovejo lanza sobre el consumo de la disidencia por parte del capitalismo y sobre el consumo capitalista por parte de las y los disidentes sexuales la lleva a percatarse de sutiles lazos entre acciones aparentemente diferentes y separadas en el tiempo.

Exiliada de Arequipa, Perú, porque en la década de 1980 le faltaron referentes políticos con los que asirse de su sexualidad, crítica de los parámetros heteroconstruidos de las relaciones de pareja, acosada por los celos y los moralismos de las organizaciones lésbicas que se fueron institucionalizando en la década de 1990, Norma ha hecho del estudio de la historia social de las formaciones lésbico-feministas latinoamericanas y del diálogo entre mujeres que disienten de la sexualidad reproductiva el lugar de una mirada antisistémica precisa. Se encuentra ahora en un momento de madurez reflexiva que le confiere una seguridad atrevida: el derecho a cuestionar los aparentes logros de las políticas lésbico-feministas al interior de un sistema capitalista que se pretende global.

Durante diez años se ha cuestionado sobre el "sexilio", eso es, las migraciones y exilios que las mujeres lesbianas emprenden para escapar de la persecución comunitaria, la discriminación social y la vigilancia de familias que procuran controlar, negar o "curar" su sexualidad. Ha recogido historias de vida tristes, aterradoras y muy valientes. Con ellas reconstruyó una posible historia de Nuestramérica: la de las resistencias y escapes de las estructuras heteropatriarcales que se reforzaron con la invasión española y se convirtieron durante la colonia en cárceles para todas las mujeres, aunque cárceles con especificidades relativas al lugar social, la matrimonialidad y la racialización de cada una.

Sexilio y familia se han tornado así en las dos líneas de comprensión de cómo la fuga de la represión sexual puede culminar en algo imprevisto, por ejemplo, en la veneración de elementos culturales del "norte" o la recomposición de la estructura heteropatriarcal racista en las parejas monogámicas del mismo sexo.

Norma Mogrovejo se adentra, por tanto, en los procesos de ciudadanización en tiempos neoliberales e identifica mecanismos de reconducción de la rebeldía a patrones de clase y ubicación social determinada por la percepción racista del trabajo, la familia y la construcción de los conocimientos. A Norma no se le escapa que muchas mujeres lesbianas se vuelven a sentir atrapadas aunque, aparentemente, han alcanzado el derecho a nombrar su amor.

Cuando Norma Mogrovejo dejó Perú en 1988, las lesbianas conscientes no tenían lugar en el país. Algunas salieron aprovechando una novia extranjera y viajaron principalmente a Europa y Norteamérica, donde les esperaba la libertad de amar. Otras, como ella misma, se asieron de los estudios para marcharse. Pronto a Norma la familia se le reveló tal y como es: una institución heterosexual y heterosexualizante que, de manera compulsiva, inocula en las mujeres la dependencia de los hombres y sus símbolos e instituciones, para conducirlas a una maternidad obligatoria y expropiada.

Si para los hombres la compulsión heterosexual de la cultura redunda en una hipersexualización de sus relaciones (la misma que construye a las mujeres como "sus" objetos sexuales), para las mujeres se convierte en una imposición estética: su arte es la representación del rol pasivo de quien atrae y ejecuta el deseo de matrimonio y maternidad. Para muchas lesbianas, rebelarse a esa estética implicó el exilio de la familia. Pagaron el precio de la autoexpulsión del núcleo afectivo para ejercer su libertad sobre el propio proyecto de vida, el rechazo al matrimonio y la maternidad obligatoria.

Norma me contó hace poco de una lesbiana activista que, en Arequipa, entabló una queja en las oficinas del *Juzgado de Familia* porque su hermana mayor la golpeaba por ser lesbiana y el cuñado la amenazaba de violación como medida correctiva. El Juez de Familia falló en favor de la lesbiana e impuso a los agresores no traspasar un límite de distancia y una multa. Una denuncia por acoso y discriminación sexual que muchas lesbianas no saben todavía que podrían entablar.

Sin llegar a estos extremos, en los hogares tradicionales se finge no ver la "diferencia" afectiva de uno de sus miembros con la sexualidad reglada e impuesta como normal. Son núcleos de convivientes que se molestan cuando una lesbiana se afirma o cuando presenta a sus compañeras como parejas. Alejarse de la familia, entonces, es el modo para permitirse una subjetivación, la vía de acceso a inventar nuevas formas de relaciones que no reproduzcan el modelo familiar.

Ahora bien, las condiciones actuales del sexilio familiar se dan en contextos neoliberales ligados a las reglas del consumo. Por un lado, lesbianas, homosexuales, bisexuales y la mayoría de los disidentes sociales y políticos hoy son expulsados de sus lugares de origen, perdiendo el propio territorio, los bienes y los afectos. Cada vez más el ejercicio de los derechos humanos está ligado a privilegios de clase, capacidad adquisitiva, posibilidades de consumo, trocándose los derechos humanos en bienes de acceso restringido a los que no pueden acceder los nuevos parias (migrantes, deudores, sin trabajo, indigentes criminalizados). Por otro lado, los homosexuales, que a través de una larga lucha han logrado el reconocimiento de su ciudadanía, se convierten fácilmente en un "gay set" de consumidores del "mercado rosa".

Hace una década todavía, para los putos, machorras y disidentes sexuales sexiliarse era una opción, no obstante, confundieron su libertad sexo-afectiva con el *american way of life*. Abogaron por la ciudadanización de ese estilo, se hicieron de "derechos", lucharon por reconocimientos, sin darse cuenta de que el sistema de consumo les condicionaba la ciudadanía a la integración en sus relaciones afectivas de esos valores de la heterosexualidad que sostienen el sistema económico neoliberal: capacidad de ahorro, acumulación de bienes, herencia y reproducción.

Las hijas consentidas del nuevo capitalismo que aparentemente no las discrimina por motivos de su sexualidad son las lesbianas que más se han disciplinado a la institución matrimonial (que en el mundo occidental se ufana de ser monogámica y excluyente) y a la maternidad física, no adoptiva. Para ellas, la ciencia médica ha afinado sistemas de reproducción asistida que ofertan sofisticados planes de disciplinamiento, con sus divisiones racistas y de clase. El uso estético y ético de la liberación de la naturaleza mediante la imposición de un sistema reproductivo costoso (en el que se puede comprar el esperma de hombres con determinados fenotipos) vuelve a atrapar a las lesbianas en las dinámicas de la propiedad privada sobre las hijas e hijos, propias de las familias sobre las que descansa el sistema neoliberal y colonial de Nuestramérica.

Sexiliarse deja de ser importante ahí donde las leyes reconocen derechos a las y los disidentes sexuales. Es un logro del movimiento institucional que ha luchado porque la disidencia fuera reconocida… y dejara de ser disidencia. En efecto, cuando las lesbianas se casan, se integran al modelo universal hegemónico de familia y reproducen las relaciones sociales vigentes de obediencia y consumo.

Del estudio del sexilio a la crítica de la familia lésbica, Norma Mogrovejo no ha abandonado la pista sutil de la infiltración capitalista en la vida de las personas. Si el primero de los dos textos reunidos en esta publicación nos habla de la persecución, la tortura, el sojuzgamiento de la disidencia sexual y sus dificultades para alcanzar una subjetivación, en países donde la discriminación racial y la xenofobia producto de los nacionalismos no dejan más opciones a las lesbianas que la migración y el exilio; el segundo nos lleva a reflexionar sobre los riesgos de la falsa conciencia en el ejercicio de los derechos económicos y de transmisión de la ciudadanía que se adquieren al conformar una familia.

La lectura del presente libro seguramente no nos deja incólumes. Si de la fuga como mecanismo de sobrevivencia y principio de la propia subjetivación hemos caído en el ordenamiento, estamos todavía a tiempo de hacernos conscientes de nuestros actos y optar por otras formas de afectividad y relaciones interpersonales.

Francesca Gargallo Celentani

Ciudad de México, 23 de noviembre de 2014

Prólogo

El texto *Disidencia Sexual y Ciudadanía en la era del Consumo Neoliberal*, de Norma Mogrovejo, presenta dos temas importantes: el *sexilio*, una de las maneras que son exiliadas y exiliados gays, lesbianas, trans de sus lugares de origen por ser disidentes del sistema de la heterosexualidad; y un análisis crítico en torno a la institución familiar.

En torno al primero, Norma Mogrovejo coloca, a través de un interesante ejercicio investigativo, las realidades de 42 disidentes sexuales de 14 países latinoamericanos, que a partir de violencias sufridas en diferentes momentos de sus vidas, lograron migrar forzosamente para escapar a los efectos de esas violencias.

El texto contextualiza la relación entre colonialismo, capitalismo y la heterosexualidad, vista esta última como un régimen político basado en la diferencia sexual y el binarismo de género, que más que ser una práctica sexual se convierte en el "deber ser" de las relaciones sociales, convirtiendo a quienes escapan de él en "otros" y "otras" desterrados del orden social/sexual hegemónico que, desde la experiencia colonial, que nos ha atravesado, ha marcado a los sujetos desde este orden, estableciendo jerarquías de raza, de sexo, clase y sexualidad.

La autora ofrece una serie de informaciones sobre la homo-lesbo-transfobia de nuestros países, manifestada en asesinatos, torturas, odio, discriminación, maltrato, amenazas de muerte, lo cual da cuenta del riesgo que supone ser disidente sexual, no obstante la existencia de algunas leyes que se han emitido en algunos países sobre derechos de la población LGTB. Lo anterior da cuenta de los límites y la complicidad de los estados modernos, que al tiempo que reconocen la existencia de gays, lesbianas y trans desde un multiculturalismo liberal, incluyéndolos en el proyecto modernizador, no socava las bases por la cual se ejercen esas violencias, pues ha sido el mismo estado moderno y sus instituciones los encargados de definirles como "otros y otras".

Los análisis presentados por la autora muestran también las complejidades, paradojas y contradicciones de los derechos humanos como matriz civilizatoria moderna que, al tiempo que es utilizada por disidentes sexuales para lograr asilo político, esta no logra evitar, en los lugares de origen, las violencias que se ejercen en torno a esta población en el entorno escolar, familiar, laboral, en las calles, etc.

A pesar de los afectos materiales y emocionales del sexilio en lesbianas, gays, trans, podemos ver también las fugas, las resistencias y las transformaciones que asumen en los lugares donde logran establecerse, lo que deja ver que el régimen heterosexual, no obstante su carácter hegemónico y obligatorio, tiene también sus límites.

El otro aspecto tratado por la autora es la familia, otra de las instituciones del régimen heterosexual, cuya nuclearización no es más que una ideología que busca garantizar el fortalecimiento del capitalismo, en sus lógicas reproductivas, de consumo y en el fortalecimiento de la monogamia.

Norma Mogrovejo problematiza uno de los debates contemporáneos en torno a las reivindicaciones de matrimonio, de adopción que parejas del mismo sexo en diferentes países demandan a los estados, al analizar cómo estas demandas se inscriben en lógicas capitalistas que buscan que estas parejas, generalmente privilegiadas en torno a la clase y la "raza", se conviertan en unidades económicas potables, capaces de consumir.

La autora además complejiza las maternidades lésbicas. Desde un interesante análisis sobre los efectos de la ideología de la maternidad obligatoria, problematiza las maneras en que esta se lleva a cabo: generalmente lo hacen lesbianas con privilegios económicos que logran embarazarse a través de técnicas de reproducción asistida de altos costos, pero además muestra cómo el mercado garantiza, a través de los bancos de semen, que sus productos sean bebés blancos. Lo anterior evidencia las lógicas clasistas y racistas que van configurando a las maternidades lésbicas.

En síntesis, las lectoras y lectores encontrarán en este texto buenos y profundos análisis en torno a cómo actúa el régimen heterosexual en las dinámicas de las naciones, en diferentes espacios sociales, políticos y culturales, en las aspiraciones de muchas lesbianas, gays y trans en el contexto del capitalismo neocolonial.

Es un texto que nos invita a trascender la perspectiva de que la heterosexualidad se trata sólo de una identidad sexual normativa, para analizarlo como lo que es: un régimen político con terribles efectos materiales, de carácter clasista y racista.

Ochy Curiel

Bogotá, 15 de diciembre 2014

Introducción

¿Qué tiene en común el proceso migratorio por razones de homofobia, es decir, el sexilio de lesbianas, homosexuales, transexuales, travestís, transgéneros y bisexuales latinoamericanos a los Estados Unidos y las reconfiguraciones familiares de madres lesbianas que hacen uso del tratamiento de reproducción asistida?

Aunque los ensayos que se presentan aquí fueron realizados en tiempos diferentes y aparentemente son asuntos distintos, hay un puente en común en las problemáticas que presentan. Ambas conflictividades están entrecruzadas por los efectos del sistema económico neoliberal que se alimenta de la expulsión de los lugares de origen de los grupos sociales que no se someten a sus condiciones de imposición, es decir, de la desterritorialización de sectores incómodos, indígenas, grupos empobrecidos o racializados, disidentes sexuales críticos, entre otros.

La heterosexualidad es un régimen obligatorio funcional al sistema neoliberal porque, como en la colonia, sigue sosteniendo la estratificación genérica, la división sexual del trabajo, la trata de mujeres con fines de sometimiento sexual, el blanqueamiento racial, cultural y político, la obligatoriedad de la maternidad, la monogamia obligatoria y, en consecuencia, una familia disciplinada que reproducirá los valores ideológicos funcionales para el mantenimiento de un régimen económico que favorece a unos pocos. Los disidentes sexuales, lejos de la calidad de ciudadanos, incluso de la calidad de humanos (vale decir "anormales"), son expulsados del régimen heterosexual que sostiene al sistema económico neoliberal. Sólo en casos excepcionales sus derechos son reconocidos en la medida que su raza, vale decir clase, vale decir capacidad adquisitiva, ejerza presión. En consecuencia, en sociedades neoliberales, la libertad y el ejercicio de los Derechos Humanos sólo son posibles bajo las reglas del consumo.

En Latinoamérica los derechos humanos aparecen como una promesa liberal, una cortina de humo para la apariencia de estabilidad democrática, como parte de un proceso de "desarrollo" y desbarbarización de países que salieron del atraso y dictaduras militares. Los Derechos Humanos llegan como una condicionante en la elegibilidad crediticia y financiera con los organismos internacionales, para quienes bañarse en salud les facilita el control sobre las medidas económicas necesarias de los débiles estados-nación.

Hace algunos años, el sexilio aparecía como una única posibilidad para la sobrevivencia. Los disidentes sexuales expulsados de sus lugares de origen veían al *American way of life* como la tabla de salvación y el ansiado lugar de la libertad. El *sueño americano* era la vía más corta para esa libertad soñada. La ilusión de la libertad individual (no del colectivo), en un contexto capitalista estaba muy ligada al consumo. El consumo aparece como espejismo en el acceso a la ciudadanía y el otorgamiento de derechos. El consumo produce el efecto alucinógeno de la libertad. "Cuanto más capacidad de consumo tienes, más libre eres", asegura el neoliberalismo.

El consumo es el último eslabón y el más exitoso en la cadena del sistema económico capitalista y neoliberal porque permite el enriquecimiento de una pequeña clase social; sobre todo, porque, junto al consumo económico, está el consumo ideológico, desde donde la obediencia a un sistema político heteropatriarcal y neoliberal está garantizado.

Esa misma medida de valor, el consumo, es usada ahora para condicionar la inclusión de los matrimonios gay y las familias reconfiguradas a los valores heteropatriarcales y es usada como pieza clave para la continuidad del proyecto colonial civilizatorio de estratificación racial y genérica. La resignificación del matrimonio y la familia gay, en el contexto neoliberal y al mismo tiempo colonial, nos permite analizar el significado universalizador y totalizante del régimen familiar y su consecuente pensamiento familiocéntrico. Verdad esencial que sirve para el mercado.

Desde dos ensayos, *Migración y sexilio político*; y *Madres lesbianas, familias reconstituidas. Poco sexo, más clase y mucha raza*, se analiza el uso que hace el sistema neoliberal de la magia del consumo para otorgar calidad de ciudadanía a cierta clase de disidentes sexuales y expulsar a otros, reconocer la humanidad de algunxs siempre y cuando se sujeten a la lógica del mercado que necesita de la organización familiar nuclear desde donde pone en marcha la continuidad del proyecto colonial civilizatorio de estratificación racial y genérica para apropiarse del trabajo de las "razas inferiores" y los cuerpos de las mujeres.

¿Cómo dejar de consumir o de qué manera hacerle frente a un sistema económico heterocapitalista, neoliberal y colonial? ¿Existen posibilidades de fuga? ¿De qué manera el sexilio ha funcionado como el cimarronaje, una estrategia para fugarse de un sistema opresor? ¿Es posible escapar a la familia, una de las instituciones más naturalizadas y disciplinaria? ¿Es posible huir de la homofobia si el propio estado, cualquiera que sea, se constituye como un estado patriarcal? ¿Llegar a cualquier otro territorio constituido como un Estado-Nación, posibilita una existencia libre de homo-lesbo-transfobia?

Migración y Sexilio Político

Mientras las empresas multinacionales cruzan fronteras
del sur sin problemas, no se puede decir lo mismo de
inmigrantes cruzando las fronteras del norte.

Enrique Sepúlveda

El exilio es parte de mí. Cuando vivo en el exilio llevo mi
tierra conmigo. Cuando vivo en mi tierra, siento el exilio
conmigo. La ocupación es el exilio. La ausencia de justicia es
el exilio. Permanecer horas en un control militar es el exilio.
Saber que el futuro no será mejor que el presente es el exilio.
El porvenir es siempre peor para nosotros. Eso es el exilio.

Mahmud Darwish

No contar con una genealogía lésbica es sexilio porque
significa que hemos sido perseguidas y exterminadas en
la historia, no tener referentes locales que permitan la
lucha colectiva es sexilio, encontrarte sin territorio por la
dictadura heterosexual es sexilio.

Norma Mogrovejo

E l término sexilio, de acuerdo con el sociólogo puertorriqueño
Manolo Guzmán, se refiere al proceso de aquellas personas
que, por su (homo)sexualidad, han tenido la necesidad de dejar
sus naciones de origen (s/a, *Palabrería LGBT,* 2009). Agregaría al
concepto de Guzmán que el sexilio también puede operar como
un éxodo de un pueblo a otro, de una región a otra o de un barrio a
otro en las grandes ciudades. El exilio o "sexilio" se presenta como
una posibilidad de sobrevivencia para algunos, una opción política
para otros, una estrategia que puede garantizar el cambio, el derecho a la elección, la autodeterminación de las personas, la libertad
individual, y el derecho a la diferencia y a la disidencia. *A contrario*

sensu, la alternativa de vida será la obediencia a las normas, la doble vida, la frustración o, en el peor de los casos, la esquizofrenia.

Para un mejor entendimiento sobre la homofobia, *leitmotiv* del sexilio, es pertinente hacer una breve revisión histórica sobre la forma en que esta es impuesta a nuestras culturas en un contexto colonial.

Diversas autoras afirman que las sociedades precoloniales del Abya Yala[1] tenían una alta estima por la homosexualidad y reconocían más de dos géneros. Muchas comunidades tribales de nativos americanos reconocían positivamente tanto a la homosexualidad como al "tercer" género, y entendían al género en términos igualitarios, no en los términos de subordinación que el capitalismo eurocentrado impuso. Las diferencias de actividades o comportamientos entre hombres y mujeres no representaban categorías opuestas como el dimorfismo occidental traducido luego como binario, ni estaban relacionadas por medio de una jerarquía. Las denominaciones que los diferenciaban estuvieron referidas fundamentalmente en el sentido anatómico.

Para Rita Laura Segato una cantidad de pueblos indígenas, "como los Warao de Venezuela, Cuna de Panamá, Guayaquís de Paraguay, Trio de Surinam, Javaés de Brasil y el mundo incaico precolombino, entre otros, así como una cantidad de pueblos nativo-norteamericanos y de las primeras naciones canadienses, además de todos los grupos religiosos afroamericanos, incluyen lenguajes y contemplan prácticas transgenéricas estabilizadas, casamientos entre personas que el occidente entiende como del mismo sexo, y otras transitividades de género bloqueadas por el sistema de género absolutamente enyesado de la colonial/modernidad" (Segato, 2011).

Para Michael J. Horswell, el tercer género no significa que haya tres géneros. Sino una manera de desprenderse de la bipolaridad del

---

1   Abya Yala es la denominación que el pueblo Cuna de Panamá dio al territorio que ahora conocemos como "América", antes de la llegada de los españoles, un nombre que ahora se recupera como parte de nuestra descolonización.

sexo y el género. El 'tercero' es emblemático de otras posibles combinaciones aparte de la dimórfica. El término *berdache* es utilizado, a veces, como 'tercer género'. Horswell relata que el berdache hombre ha sido documentado en casi ciento cincuenta sociedades de América del Norte y la berdache mujer en la mitad de ese mismo número. También comenta que la sodomía, incluyendo la ritual, se registró en sociedades andinas y en muchas otras sociedades nativas de las Américas. Los Nahuas y Mayas también reservaban un rol para la sodomía ritual" (Horswell, 2010).

Si bien la empresa colonial introdujo la clasificación universal de la población en términos de idea de raza con la que estratificó a la sociedad en superiores e inferiores –lo que permitió a Europa junto a la idea de modernidad, dominar y explotar América Latina–, con la racionalidad moderna, lo "occidental" se impuso como "centro" del mundo –lo que le permitió a Europa implantar su proyecto civilizatorio para ejercer la dominación del sistema mundo–. Para Lugones, siguiendo las investigaciones de Oyewùmi, la empresa colonial pudo afianzarse junto a la imposición del concepto de raza, con la imposición del género. Así, el género fue introducido por Occidente, "como una herramienta de dominación que designa dos categorías sociales que se oponen en forma binaria y jerárquica". En consecuencia, a decir de la autora, el patriarcado tiene un origen occidental, inexistente en el Abya Yala (Lugones, 2010). Paredes por su lado afirma que el uso exclusivo del inca sobre todas las mujeres de su imperio y de las mujeres vírgenes (acllas) como instrumento de lubricación del aparato político y económico de su imperio. Los hombres padres se sentían honrados cuando el enviado del Inca escogía a su hija, todavía niña, para llevarla al *acllawasi*, donde sería usada de varias maneras: sexualmente, asesinada en sacrificios, explotada en su fuerza de trabajo de por vida en beneficio de la casta gobernante. Y este hombre padre se sentía orgulloso también cuando su hija era tomada como otra de las esposas del Inca, es decir, como la amante del Inca. ¡Qué hay en estos datos sino las mismísimas formas del uso de las mujeres como botín sexual o de intercambio de mujeres entre hombres, signo de un patriarcado, que no es lo mismo pero es igual al practicado por los españoles, q'aras, izquierdistas y demás hombres occidentales de la Historia! (Paredes, 2014). Rita Laura Segato por su parte define al patriarcado pre-intrusión del Abya Yala, como de "Baja intensidad" en tanto el género existe, pero de forma diferente que en la modernidad. En el mundo andino, la autoridad de los mallkus, aunque su ordenamiento interno sea jerárquico, es siempre dual, involucrando una cabeza masculina y una cabeza femenina y todas las deliberaciones comunitarias son acompañadas por las mujeres, sentadas al lado de sus esposos o agrupadas fuera del recinto donde ocurren, y ellas hacen llegar las señales de aprobación o desaprobación al curso del debate. Si es así, no existe el monopolio de la política por el espacio público y sus actividades, como en el mundo colonial moderno. Al contrario, el espacio doméstico es dotado de politicidad, por ser de consulta obligatoria y porque en él se articula el grupo corporativo de las mujeres como frente político. El género, así reglado, constituye una dualidad jerárquica, en la que ambos términos que la componen, a pesar de su desigualdad, tienen plenitud ontológica y política. Para Segato la dualidad es la relación de complementariedad, así, el doméstico, es un espacio completo con su política propia, jerárquicamente inferior a lo público, pero con capacidad de autodefensa y de auto transformación. Podría decirse que la relación de género en este mundo configura un patriarcado de baja intensidad, comparado con las relaciones patriarcales impuestas por la colonia y estabilizadas en la colonialidad moderna, afirma (Segato, 2011).

Paredes anota que la Colonia, tiene el significado de invasión evidente o sutil de un territorio ajeno para usufructuar los frutos y productos de los territorios colonizados, y los cuerpos de las y los colonizados para tomar sus *ajayus*, sus energías, sus espíritus, para enajenarlos, ocuparlos y disciplinarlos hasta lograr la internalización de los invasores en los territorios del cuerpo, la subjetividad, las percepciones y los sentimientos de identidad y deseo (Paredes, 2012).

Tanto para Julieta Paredes como para Segato, la imposición del sistema de género occidental fue posible gracias al pacto realizado entre los invasores colonizadores y los hombres colonizados, los que negociaron sus mujeres para preservar puestos de poder, lo que consolidó, en la propuesta de Paredes, un entronque patriarcal que fortaleció al sistema de opresiones patriarcal.

Este pacto patriarcal, a decir de las autoras, es el origen de la violencia ejercida por los hombres colonizadores y colonizados en contra de las mujeres y los homosexuales generizados como femeninos. Y es también el origen de la indiferencia a las luchas de las mujeres y homosexuales contra formas múltiples de violencia contra ellas, ellos y sus mismas comunidades racializadas y subordinadas. El colonizador blanco construyó una fuerza interna en las tribus cooptando a los hombres colonizados a ocupar roles patriarcales.

Junto a la racialización y generización se impuso la heterosexualidad característica de la construcción colonial/moderna de las relaciones entre hombres y mujeres. Pero la heterosexualidad no está simplemente biologizada de una manera ficticia, también es obligatoria y permea la totalidad de la colonialidad del género, en la comprensión más amplia que le estamos dando a este concepto. En este sentido, el capitalismo Eurocentrado global es heterosexual. Esta heterosexualidad ha sido coherente y duraderamente perversa, violenta, degradante, y ha convertido a la gente 'no blanca' en animales, a las mujeres blancas en reproductoras de "la Raza (blanca)" y de "la Clase" (burguesa); y a los homosexuales en parias, despreciados, perseguidos y ejecutados. Los trabajos de Sigal y de Horswell complementan el de Allen, particularmente en lo que respecta a la presencia de sodomía y homosexualidad masculina en la América precolombina y colonial.

Entender el lugar del género en las sociedades precolombinas permite un giro paradigmático en el entender la naturaleza y el alcance de los cambios en la estructura social que fueron impuestos por los procesos constitutivos del capitalismo Eurocentrado moderno/colonial. Esos cambios se introdujeron a través de procesos heterogéneos, discontinuos, lentos, totalmente permeados por la colonialidad del poder, que violentamente inferiorizaron a las mujeres colonizadas. Entender el entramado de la racialización y el engeneramiento, en las sociedades precolombinas es esencial para comprender la importancia y la magnitud del sistema en la desintegración de las relaciones comunales e igualitarias, del pensamiento ritual y su cosmogonía, de la autoridad, los procesos colectivos de toma de decisiones, de las economías, en las construcciones del saber, etc. La reducción del género a lo privado, al control sobre el sexo, sus recursos y productos es una entelequia ideológica tejida como biológica. La raza no es ni más mítica ni más ficticia que el género, ambos son ficciones poderosas.

Las hembras no-blancas eran consideradas animales en el sentido de seres "sin género", marcadas sexualmente como hembras, pero sin las características de la femineidad. Las hembras racializadas como seres inferiores pasaron de ser concebidas como animales a ser concebidas como símiles de mujer en tantas versiones de "mujer" como fueron necesarias para los procesos del capitalismo Eurocentrado global. Por tanto, la violación heterosexual de mujeres indias o de esclavas africanas coexistió tanto con el concubinato como con la imposición del entendimiento heterosexual de las relaciones de género entre los colonizados, cuando convino y favoreció al capitalismo Eurocentrado global y a la dominación heterosexual sobre las mujeres blancas.

Los homosexuales fueron apedreados, llevados a la inquisición, quemados vivos, torturados, encarcelados, encerrados en manicomios, sometidos a electroshocks, expulsados, asesinados, etc., debido a que su única existencia atentaba con la heterosexualidad, lugar por excelencia para la coacción genérica.

La imposición del sistema de género fue y es completamente violento, ha implicado la reducción profunda de hombres, mujeres y el tercer género del Abya Yala. De ser dueñxs de sus territorios, cuerpos, sexualidad, deseo, de su cosmogonía, religiosidad, economía, etc., fueron reducidos a la animalidad, al sexo forzado con los

MIGRACIÓN Y SEXILIO POLÍTICO

colonizadores blancos, y a una explotación laboral tan profunda que, a menudo, los llevó a trabajar hasta la muerte.

Segato afirma que la presión ejercida por las normas y las amenazas punitivas fue para disciplinar en las prácticas de la matriz heterosexual binaria del conquistador, que impone nociones de pecado extrañas al mundo aquí encontrado y propaga su mirada pornográfica.

De ahí que, concluye Segato, muchos de los prejuicios morales hoy percibidos como propios de "la costumbre" o "la tradición", aquellos que el instrumental de los derechos humanos intenta combatir, son en realidad prejuicios, costumbres y tradiciones ya modernos, esto es, oriundos del patrón instalado por la colonial modernidad. En otras palabras, la supuesta "costumbre" homofóbica, así como otras, ya es moderna y, una vez más, nos encontramos con el antídoto jurídico que la modernidad produce para contrarrestar los males que ella misma introdujo y continúa propagando (las políticas antihomofóbicas).

En el proceso de conquista y colonización, las luchas por derechos y políticas públicas inclusivas y tendientes a la equidad son propias del mundo moderno, naturalmente, y no se trata de oponerse a ellas, pero sí de comprender a qué paradigma pertenecen y, especialmente, entender que vivir de forma descolonial es intentar abrir brechas en un territorio totalizado por el esquema binario, que es posiblemente el instrumento más eficiente del poder, es así que el Estado da con una mano, lo que ya sacó con la otra (Segato, 2011).

Breny Mendoza profundiza el análisis de la heterosexualidad como dispositivo de poder en la estructuración del mestizaje, en la sociedad colonial y postcolonial de Honduras. El mestizaje, producto de la imposición sexual en su cruce con la variable raza, muestra diversos escenarios que estructuran la pirámide de las castas y el destino social de los sujetos, así, mestizas, peronas, pardas, saltapatrás, zambas, indias, etc., nos dice Mendoza, dan cuenta que el concepto de mestizaje ha sido construido como una categoría he-

7

terosexual, pues implicó el producto híbrido de la relación entre el español y la mujer indígena, a través de la apropiación de sus cuerpos, de su sexualidad y su fuerza de trabajo. Señala, además, cómo las relaciones homosexuales (y la lujuria en general) de las y los nativos, en tiempos de la conquista y de la sociedad colonial, fue denunciada con horror por la iglesia y la Santa Inquisición, como una manera de presentar los pueblos colonizados y esclavizados como inmorales, pecadores y, por tanto, merecedores de su suerte (Mendoza 2001).

Si bien la persecución homofóbica tiene orígenes coloniales basados fundamentalmente en intereses económicos como los derivados de la división genérica de roles, esta ha sido reforzada desde la iglesia y ha logrado una globalización del odio y la persecución, logrando incluso la penalización de la homosexualidad en diversas regiones y sobre todo, la intolerancia y persecución por parte de la sociedad civil a través de la naturalización de la familia.

El asilo para grupos particulares de la población

Después de la Segunda Guerra Mundial, la comunidad internacional reconoció la responsabilidad colectiva de proteger la vida y los derechos de personas que huyen de la persecución en su tierra natal. Muchos países cumplieron con su obligación moral y legal de proteger a los refugiados mediante el asilo. Las leyes del derecho internacional definen a un "refugiado" como un individuo que está imposibilitado de retornar a su país debido a persecución por raza, religión, nacionalidad, o pertenencia a un particular grupo social o de opinión política (United Nations 1951, 1967).

La persecución nazi no sólo se hizo por raza, religión, nacionalidad u opinión, también llegó a otros grupos como homosexuales y discapacitados, de ahí la necesidad de considerar en los tratados internacionales a "miembros de un particular grupo social" y como reconocimiento de nuevas formas de persecución a grupos sociales que puedan aparecer en el futuro. Se les reconoce el asilo a personas que sufren persecución por sus propios gobiernos o aquellas cuyos gobiernos no son capaces de protegerlos de la persecución de actores no-gubernamentales (escuadrones de la muerte —mataputos— o guerrillas armadas). La persecución incluye asesinato, tortura, violencia sexual, violación, arresto arbitrario, prisión injustificada, golpes, insultos, etc.

Desde 1994, Estados Unidos de Norteamérica ha reconocido como miembros de un "particular grupo social" a homosexuales, de ahí que se pueda solicitar asilo político por razones de orientación sexual. La solicitud puede ser presentada físicamente estando en territorio estadounidense o en el aeropuerto o en la frontera cruzando hacia los EU. La aplicación debe probar que la o el sujeto está imposibilitado de retornar a su país de origen debido al miedo por persecución basado en: una persecución anterior, miedo a futura persecución o evidencia de un patrón o práctica de persecución en situaciones similares. El miedo de persecución fundado debe estar basado en raza, religión, nacionalidad o pertenencia a un grupo particular u opinión política. Si una persona en su país de origen ha sido perseguida y presenta serios daños físicos, coerción, afecciones que han sido producto de tratamientos, violaciones, amenazas, arrestos, torturas, etc., debido a su orientación sexual, mismos que han sido realizados por acción del estado o manipulados por el estado o particulares que el estado no puede controlar y prevenir, es sujeto de solicitud de asilo político (s/a, *Immnigration Equality*).

La Homo-lesbo-transfobia como estrategia correctiva

Si bien la mayoría de los países ha suscrito acuerdos internacionales para proteger los derechos humanos de sus ciudadanos, prohibiendo la tortura y otros tratos crueles, inhumanos o degradantes, hay países en todo el mundo donde lesbianas, gays, transexuales y bisexuales (LGTB o disidentes sexuales[2]) sufren torturas o malos tratos de funcionarios públicos, o con el consentimiento de estos,

---

2   Denomino Disidencia sexual a todas las identidades sexo-genéricas que se negaron a la norma heterosexual.

9

debido a su identidad sexual. Pero la experiencia más habitual de violencia es la que padecen en sus casas, escuelas, centros de trabajo o la calle.

La homo-lesbo-trans-fobia[3] es el odio irracional a los disidentes sexuales, a los que se alejan del orden social impuesto, a quienes eligen ser, o se descubren diferentes a la apariencia o conducta de los emblemas del machismo (Bonfil, 2001). Al mismo tiempo, las prohibiciones, persecución y castigos han convertido a la disidencia sexual en un grupo social en clandestinidad y resistencia (Mogrovejo, 2003).

La homofobia es el arma con el que se persigue a quienes se atreven a salir de la norma heterosexual. Así, la heterosexualidad se convierte en una institución dedicada a establecer límites de comportamiento para un orden sexual /social establecido. Bonfil, afirma que los homófobos constituyen "el brazo armado" de una sociedad intolerante que ve en ellos la realización de una labor de "saneamiento moral" o correctiva (Reyes, 2004). Así, en una sociedad sumamente sexista, la homofobia es el brazo armado en particular de la iglesia, del ejército, de la escuela y del ámbito público en general.

Para algunas corrientes psicológicas la homofobia es una enfermedad psico-social perteneciente al grupo de enfermedades que se conoce con el nombre genérico de fascismo, que prepara siempre

---

3   Lesbofobia, homofobia o transfobia es el miedo irracional y odio a aquellas personas que aman a alguien de su propio sexo o asumen una identidad diferente al género socialmente asignado (Paharr, 1988). El rechazo irracional a la homosexualidad, históricamente ha tomado diferentes formas e intensidades, llegando en casos extremos al exterminio de homosexuales o agresiones físicas. Al no estar integrada la homosexualidad con un estatuto simbólico similar al de la heterosexualidad, ocurre que la mayoría de las personas homosexuales comparten la visión dominante sobre ellas (Lamas, 1994). La homofobia es un prejuicio comparable al racismo y antisemitismo, tan irracional como la claustrofobia (*Enciclopedia of homosexuality*), que otorga a la conducta sexual humana la misma "complementariedad" reproductiva, adjudicándole a la heterosexualidad la valoración de natural y a la homosexualidad la de contra-natura (Lamas, *La Jornada*, julio 15, 1994).

condiciones de exterminio, tales como el racismo, la xenofobia o el machismo y se fundamenta en el odio al otro (Sáez, 2014).

Para otros profesionales y activistas, considerar a la homofobia como una enfermedad es un enfoque que encierra una trampa muy peligrosa, que se ha puesto de manifiesto en algunos juicios en Estados Unidos contra personas que habían asesinado a homosexuales (los llamados "crímenes por odio", caso Mattew Shepard y otros). Ello supone, paradójicamente, una especie de eximente o atenuante a la hora de juzgar el asesinato de un gay.

Esta definición ha conducido a una situación inaudita en la historia del derecho penal: que la causa o motivación de un crimen se convierte en un argumento a favor del homicida. El discurso médico, y especialmente el médico-psiquiátrico, juega por tanto un papel fundamental en la legitimación de la discriminación.

La homofobia no es una enfermedad, es una actitud de odio al otro de la cual se es responsable, una actitud que se puede cambiar, como tantas otras. No tiene nada que ver con extraños procesos inconscientes (homosexualidad reprimida, trauma infantil, arrebato inevitable), sino que es una decisión deliberada y consciente, un posicionamiento social e ideológico avalado por discursos colectivos (los chistes de maricas, el machismo, la educación, la ciencia, la impunidad, el régimen social de heterosexualidad obligatoria). Es importante por ello desmantelar ese discurso, de manera que incluso desde el punto de vista legal o jurídico nadie pueda utilizarlo como coartada de lo que es simplemente un acto de brutalidad planificado y alevoso (Sáez, 2014).

Los discursos criminalizadores y patologizantes que han configurado el concepto de homosexualidad en los últimos dos siglos todavía perviven en nuestra cultura: el homosexual como enfermo, desviado, anormal, peligroso, y por tanto, temible, prueba de ello es la negación por parte de la Real Academia de la Lengua a reconocer la palabra homofobia en el diccionario. El gay es una excepción gramatical y social. La gramática es una forma de ortopedia y un distribuidor de espacios: por supuesto, estamos fuera (Sáez, 2014).

Luchar contra la homo-lesbo-trans-fobia es una dura tarea, ya que implica luchar contra la cultura, contra los dogmas religiosos, contra costumbres y posturas transmitidas de padres a hijos. Contra la sociedad conservadora y siglos de desinformación y prejuicios. Pero luchar contra la homofobia es, también, una demostración de calidad democrática, de voluntad de extender los principios de libertad, igualdad y fraternidad a cualquier persona.

Violencia y persecución

Históricamente la emigración ha jugado un papel importante como opción de libertad y sobrevivencia. Las migraciones actúan por razones económicas, familiares, políticas, por situaciones de guerra, de persecución, de violencia personal o generalizada. Ante las diversas formas de violencia ejercidas contra la disidencia sexual que van desde prácticas cotidianas de invisibilidad, burlas, chistes referentes a maricas, hasta agresiones de tipo fascista cuyo objetivo es el exterminio de la población gay, la comunidad ha exigido al Estado protección y políticas que desalienten la discriminación en sus diversas expresiones.

En América Latina, la reacción homofóbica se manifiesta de forma peculiar. Pocos países del continente tienen leyes duras contra los gays[4] y algunos como Brasil, Ecuador, México Argentina y Bolivia

---

4 Ecuador despenalizó la homosexualidad en noviembre de 1997, Chile en 1998, Puerto Rico en 2003 y Nicaragua en 2007. En los países que son o fueron hasta hace poco colonias europeas, las leyes varían. De acuerdo con informes de la ILGA, la homosexualidad es legal en Surinam, Bahamas y algunas de las pequeñas Antillas (Santa Lucía, San Cristóbal y Nieves,) pero la homofobia es también persistente debido a la influencia de la cultura latinoamericana y problemas socioeconómicos, políticos y religiosos. En países como Barbados, la pena puede ser de cadena perpetua, Trinidad y Tobago hasta 25 años de prisión; en Belice, Dominica, Granada, Guyana, San Vicente y las Granadinas y Jamaica, hasta 10 años; y en este último, además, con trabajos forzados; y en Dominica la alternativa podría ser un hospital psicológico.
México promulgó en 2003 la Ley Federal para Prevenir y Eliminar la Discriminación, y creó el Consejo Nacional para Prevenir la Discriminación. Uruguay logró en julio de 2003 la despenalización de la homofobia a nivel

se ubican a la vanguardia en cuanto a la aprobación de medidas contra la discriminación. Pero, a la vez, es en América Latina donde suceden algunos de los ataques más violentos contra homosexuales (Zanini, 2004).

En un estudio comparativo de 25 países del mundo (Mott, 2002), Brasil ostenta el horrible récord mundial, cada 3 días es asesinado salvajemente un homosexual, es decir, 10 al mes, le siguen México con 3 al mes y Estados Unidos con 2 al mes, "gran parte de los homicidios fueron cometidos con rasgos de crueldad, tortura, uso de armas y elevado número de golpes, peculiaridades del crimen homofóbico" (*The Advocate* 15 de mayo del 2002). El autor de dicha investigación obtuvo los datos de los registros encontrados, sin embargo, estas cifras deben multiplicarse por cinco o más, debido a que mucha gente vive y muere en el clóset y porque varios de los crímenes por homofobia no están definidos como tal y por tanto están fuera del registro. En la investigación policiaca de los crímenes aún impera la indiferencia, el desprecio y la negligencia por parte de las autoridades procuradoras de justicia. La calificación de estos asesinatos como "pasionales", contribuye a la extorsión policiaca y a su desatención. En México, de 1995 a 2013, han sido asesinados 887, en 19 años fueron ultimados con saña 700 hombres homosexuales, 181 trans y seis mujeres lesbianas, informó la Comisión Ciudadana contra los Crímenes de Odio por Homofo-

nacional. En diciembre de 2004, en Perú, entró en vigor la Ley 28237 (Código de Procedimientos Constitucionales) que permite presentar amparos por actos discriminatorios basados en la orientación sexual. Desde 1991, la Constitución colombiana protege derechos de la comunidad LGTB, como el derecho a la igualdad, el pluralismo y el derecho al libre desarrollo de la personalidad. En Bolivia, el artículo 14 de la Constitución aprobada en 2009 incluyó a la prohibición de discriminación por razón de orientación sexual. En Brasil, Alagoa, D.F., Mato Grosso, Pará, Santa Catarina y Sergipe se prohíbe la discriminación por razones de orientación sexual. En 2008, se presentó ante la legislatura argentina el proyecto para la igualdad de derechos a nivel nacional con un amplio apoyo político. Los países que han considerado a los crímenes de odio por orientación sexual como una circunstancia agravante son Nicaragua desde 2008, Puerto Rico desde 2005 y Uruguay desde 2003.

bia (CCCOH).[5] El 98 por ciento de los crímenes siguen impunes. En el Distrito Federal sólo dos de cada 10 de estos delitos son castigados (CCCOH, 2002).[6]

La promoción de odio homofóbico proviene en gran medida de las autoridades de gobierno, destacando las persecuciones policiacas y allanamientos domiciliarios, quienes justifican sus acciones dentro de programas de "profilaxis social" o "cero tolerancia al delito", identificando a la disidencia sexual con la delincuencia o la inmoralidad, llegando en algunos casos, como Honduras, a territorializar los espacios donde se les prohíbe pasar a los disidentes sexuales, tal como el *apartheid* segregaba en Sudáfrica a los negros.[7]

La diferencia fundamental con épocas pasadas es justamente la posibilidad que hoy existe de verificar, señalar y registrar los avances contra la intolerancia, y de sentar precedentes a través de triunfos jurídicos o culturales. El hecho de contar con datos estadísticos sobre ejecuciones homofóbicas no significa necesariamente que esa jerarquía estadística muestre al país más homofóbico de la región. Es muy probable que en el resto de los países ni siquiera exista el registro debido a los niveles de institucionalización de la homofobia, principalmente en la policía. Aunque ni sabemos si esta se incrementa porque no contamos con datos exactos, Baird afirma (cit. en Zanini, 2004) que hay un incremento de la homofobia, derivado de una mayor exposición de los homosexuales, por el hecho de que cada vez más personas "salen del armario". Las cifras sugieren que Brasil ha logrado dar mayor visibilidad a la existencia LGTB,

5   *Oaxaca* Digital, 16 de mayo 2014. http://oaxaca.me/crimenes-de-odio-por-homofobia-887-asesinatosen-19-anos-en-mexico/

6   En tanto México no tiene un registro oficial sobre crímenes de odio por homo-lesbo-transfobia, en 2019 activistas crearon un Observatorio Nacional conformado por organizaciones locales de 10 entidades los que, considerando tan solo esos territorios, ha registrado al menos 209 asesinatos desde 2014 hasta mayo de 2020. https://www.animalpolitico.com/2020/06/asesinatos-lgbt-crimenes-odio-observatorio/

7   Por disposición municipal, en San Pedro Sula, los vendedores ambulantes, trabajadores sexuales y disidentes sexuales tienen prohibido traspasar la línea férrea, espacio que demarca la parte "bonita" de la ciudad.

aunque el costo sea muy alto. ¿Sería preferible entonces que la comunidad homosexual se quedara "en el armario"? Baird responde: A la hora de definir estrategias, los activistas deben calcular las posibilidades de éxito y tener en mente que puede haber una reacción que ponga en riesgo la sobrevivencia del movimiento. Pero afirma que, en general, la lucha por los derechos sigue valiendo la pena. "Los gays de antes sufrían por el silencio. Los de hoy sufren por la violencia. Entonces, ¿la situación empeoró? No. El silencio probablemente sea peor" (Zanini, 2004).

El sexilio, quiénes lo solicitan y por qué

En la experiencia latinoamericana, la solicitud de asilo político por razones de homofobia tal vez no sea muy frecuente, sin embargo, aparece como la alternativa más fácil y corta para acceder a una legalidad en un país más permisivo. Para los latinoamericanos, Estados Unidos es el país geográfica y económicamente más atractivo para el sexilio. Obtener asilo político por orientación sexual parecería un trámite no muy complicado siempre que el disidente se haya constituido como "sexiliado", es decir, que esté fuera de su país debido a persecución homofóbica, y lo haga antes del término establecido y en la forma indicada. A lo largo del proceso, que puede variar de seis meses a tres años, dependiendo del caso, el solicitante deberá demostrar la persecución de la que fue objeto. Sin embargo, las cortes comprenden que una persona que huye de su país no siempre puede tomar consigo la evidencia necesaria para demostrar su caso. Así, el propio testimonio creíble apoyado por la evidencia general documentada de las condiciones en su país puede ser suficiente para demostrar su demanda. Y en algunos casos se ha otorgado el asilo político a disidentes que aunque no tuvieron evidencias de persecución tenían el miedo de acoso futuro, por haberse hecho públicos. En una investigación con cuarenta y dos latinoamericanos disidentes sexuales por homo, lesbo y transfobia, entrevistados en Estados Unidos, el 38% de ellos obtuvo su legalidad por solicitud de asilo político y 14% estaba en trámite, sumando ambas cifras 52%. A Continuación algunos datos encontrados.

Origen

Las entrevistas fueron realizadas en San Francisco y Los Ángeles, gracias a organizaciones civiles de apoyo a refugiados, migrantes y latinos a través de las cuales pude contactar al universo de entrevistados.[8] Los países no fueron seleccionados ya que se entrevistó a todos los que por las características buscadas, fueron acercados, así, los sexiliados provenían de los siguientes 14 países latinoamericanos:

Tabla 1. Origen de los sexiliados

PAÍSES	
México	18
El Salvador	5
Guatemala	2
Honduras	1
Puerto Rico	2
Argentina	2
Brasil	2
Colombia	3
Ecuador	2
Venezuela	1
Cuba	1
Perú	1
Bolivia	1
Chile	1
Total	42

Como se entrevistó a todos los sexiliados contactados, no fue posible hacer una selección debido a su preferencia, es así que el azar

---

8   También realizamos algunas entrevistas a sexiliados que vivían en otros estados, vía telefónica.

contribuyó a la misma. México aparece como el país más expulsor de disidentes sexuales, lo cual es explicable debido a la cercanía con los Estados Unidos de Norteamérica. Sin embargo, aunque Sudamérica es una región más lejana que Centroamérica, hay un número considerable de sexiliados (31%).

Identidad

La identidad, de acuerdo con Gilberto Giménez, es el conjunto de repertorios culturales interiorizados, a través de los cuales los actores sociales demarcan sus fronteras y se distinguen de los demás actores en una situación determinada, dentro de un espacio históricamente específico y socialmente estructurado. Giménez advierte que la mera configuración cultural no genera identidad, para ello se requiere la voluntad de distinguirse socialmente a través de la reelaboración subjetiva, es decir, de un autorreconocimiento y, en consecuencia, un autoposicionamiento. De allí la importancia de la manifestación como estrategia: "el grupo práctico, ignorado, negado o reprimido se torna visible y manifiesto para los demás grupos y para sí mismo, y revela su existencia en tanto que grupo conocido y reconocido" (Giménez, 2002: 47). De aquí la importancia de la definición de la identidad como una reafirmación que busca un espacio digno para ser desarrollado sin tener que esconder su expresión.

En el caso de la disidencia sexual, pese a que cada vez hay mayor multiplicidad de ámbitos identitarios, los y las entrevistadas se reconocieron en seis identidades. La mitad de los entrevistados (21) expresaron asumirse como gays, este alto porcentaje en comparación con las otras identidades lo atribuimos a que la marca genérica masculina goza de mayor movilidad incluso en las identidades segregadas, como la gay. Casi la cuarta parte fueron lesbianas (12). Una de ellas, manifestó ser lesbiana/*transgender*/*queer*. Tres transexuales de mujer a hombre, cinco de hombre a mujer y un bisexual.

En los últimos años se ha expresado una interesante discusión teórica sobre la política de las identidades. Al respecto encontramos

17

dos posiciones. Aquellas que definen las "políticas de identidad" defendiendo una identidad gay o lesbiana diferente a la hetero-sexual, que debe ser puesta de manifiesto y sirve de fundamento teórico para levantar una comunidad cohesionada y visible que ha sido discriminada y perseguida, como ha sido el caso del movi-miento lésbico-homosexual. La otra, muy influidos por las posturas postestructuralistas de Foucault, considera esencialista la reivin-dicación de una identidad. Esta perspectiva ha derivado en lo que hoy conocemos como teoría *queer*, que surge como una crítica a la política de las identidades, principalmente a la configuración de las identidades LGTTB, que se han cristalizado y tendido a ins-titucionalizarse en su interlocución interesada con el Estado y su adhesión a los valores de la heterosexualidad. La política *queer* plan-tearía la necesidad de la desontologización o el dejar de "ser" como respuesta al apostillamiento identitario que es lo que da origen a la discriminación, en la medida que se abandone cualquier identidad, no habrá lugar a la discriminación, afirman (Ceballos, 2005).

Si bien la identidad ha jugado un papel fundamental en la forma-ción de los nuevos movimientos sociales en general, estos han te-nido que partir de una recuperación positiva de la diferencia que a nivel social se les ha atribuido y por la cual han sido objeto de exclusión. Esto es, han tenido que deconstruir las imágenes nega-tivas con las que se había cargado su diferencia, de esta manera los grupos estigmatizados se fueron agrupando sobre la base de compartir la opresión y exclusión (Espinosa, 2007). Sin embargo, con fuerte debate sobre el multiculturalismo de los años noven-ta, en plena instalación de la economía neoliberal de mercado, el posestructuralismo auguraba el abandono de la categoría de su-jeto como la entidad transparente y racional que podría otorgar un significado homogéneo al campo total de la conducta (Muffe, 1999). La era del reclamo basado en identidades específicas habría terminado por cuanto implicaría la esencialización del sujeto, de ahí que el propio concepto identidad debería quedar fuera de uso. Desde esta lógica, conceptos como "mujer", "hombre", "homo-sexual", "lesbiana", etc. serían una ficción y apelar a una identidad común de cualquiera de ellos resultaría un ejercicio legitimador del sistema binario de poder. En tal sentido, apelar a una política de identidad sólo serviría para los intereses de los grupos de poder institucionalizado.

En contraposición a una concepción fija de la identidad, la política de la performatividad, introducida por Butler, afirma que la identidad como algo inestable necesita de una actualización repetitiva, un ritual que logra su efecto mediante la naturalización en el contexto de un cuerpo, "la repetición paródica del género" como estrategia de la acción subversiva en su caricatura (exceso) de la norma (Butler, 2001). Sheila Jeffreys, en su libro *La herejía lesbiana*, plantea que el concepto de género que usa Butler se encuentra alejado de todo contexto de las relaciones de poder, fundamentalmente de la opresión de las mujeres. "Cuando el género se convierte en una idea o en apariencia, la opresión de las mujeres efectivamente desaparece, el género tiende a ocultar las relaciones de poder del sistema de supremacía masculina. El concepto de género ha gozado de la mayor aceptación entre las teóricas feministas liberales y socialistas y, más recientemente, entre las posmodernas" (Jeffreys, 1996).

El nuevo sujeto trans del feminismo institucional, a pesar de la repetición paródica del género no asignado, no ha logrado romper las concepciones originales de femineidad y masculinidad y por ello estaría reproduciendo el mandato de las reglas del género. Para algunas feministas, este efecto significaría nuevamente el triunfo de la masculinidad en la interpretación de un no muy nuevo femenino (Espinosa, 2007). Pero para otras teóricas como Teresa de Lauretis, la identidad sigue teniendo importancia porque es un punto de partida político, un estímulo para el activismo y una directriz de la política personal (De Lauretis, 1992). Consciente de la complejidad del concepto y aun cuando reconozca que la identidad es una construcción, con todo, es un punto de partida necesario. Las políticas de identidad proporcionan una réplica significativa a la tesis del humano genérico y a la teoría política occidental de alcance universal.

En el estudio que nos convoca, el posicionamiento identitario marcó una diferencia fundamental en la historia de cada uno de los actores, ya que la identidad, asumida como construcción cultural consciente o inconscientemente, actuó como estrategia de deconstrucción de un sistema de poder heterocentrista, lo que motivó el éxodo, la obligatoriedad de abandonar sus lugares de origen en busca de un nuevo espacio donde poder "ser".

En todos los entrevistados hubo el firme convencimiento de que la identidad era un derecho inalienable que debían defender como una necesidad ontológica. Convencidos de que no podían "ser" en sus lugares de origen, buscaron un espacio nuevo. Aunque no todos tuvieron la certeza de posicionarse en una identidad definida, como el caso de un militar que desertó del ejército por abuso de un superior—quien manifestó no tener clara su identidad homosexual y al momento prefería definirse como bisexual—, o la lesbiana *transgender queer*, quien definió su identidad no como un ámbito fijo, sino transitorio o sin género, todos los casos se asumieron como disidentes a la norma heterosexual. El testimonio de Vanesa expresa, pues, la certeza de un cambio identitario plasmado de manera oficial.

> Justo hoy hice el cambio legal de *gender*, ahora soy considerada *female*, no tuve que hacer juicio, mi doctor del *Tom Wedell Center* hizo una carta diciendo que he completado mi transición, que soy una mujer 24 horas al día y mi identidad corresponde al nombre de Vanesa. Mi doctor llenó la forma, firmada con el soporte de mi trabajadora social y el director de la clínica, hoy hice el trámite, me tomaron la foto y fui inscrita. (Peruana)

Las identidades siguen siendo territorios estratégicos desde donde el/la sujeta posiciona su agencia para constituirse en sí misma en la lucha por el ejercicio de la libertad. Sea desde la reivindicación de un género, preferencia sexual, opción política, modo de vida y ejercicio del placer, la identidad sigue siendo el lugar desde donde defender el territorio del cuerpo, sin embargo, los procesos de concienciación de la mayoría de los sexiliados han sido solitarios y personales.

Nivel educativo

Lejos de la presunción de que es la gente menos preparada la que migra a los Estados Unidos, encontramos que de los entrevistados más de la mitad tenía estudios superiores, si bien en su mayoría truncos. La preparación y el espíritu de superación es una característica constante, según demuestra el hecho de que cinco de ellos cuentan con posgrado y un número considerable se encontraba estudiando.

Derechos humanos

Este es quizá el punto más sensible del trabajo. Como se dijo anteriormente, la reacción homo, lesbo y transfóbica en América Latina tiene dimensiones particulares a pesar de los avances legislativos. Existen aún instituciones de entrenamiento homo, lesbo y transfóbico que, lejos de ser espacios de contención o promoción de valores democráticos, son de promoción del odio, la violencia y el desprecio. La escuela ha sido, para todos nuestros sujetos, una institución normativa y penalizadora, un espacio de tortura. Así, son recurrentes los testimonios de expulsiones, acusaciones, burlas, empujones, insultos, humillaciones, e incluso golpes multitudinarios. Todos sin excepción sufrieron discriminación o maltrato en cuanto externaron diferencias con la norma heterosexual.

En el colegio primario, mis compañeros varones me cargaban: "ahí va la mariquita". Pero no sé por qué, yo nunca fui amanerado, pero había algo que ellos olían en mí que era diferente porque ellos se peleaban a trompadas y yo siempre me mantenía al margen. Tenía un compañero que me odiaba, me daba trompadas todos los días en cualquier lado, un día me dio en el estómago que me dejó sin respiración por un rato. (Argentino)

En la escuela las monjas se daban cuenta, había muchos rumores; me acusaban de que podría ser contagioso con todas estas mujeres. Dos veces me han expulsado de la escuela, porque hasta se inventaban historias de que yo las forzaba para besarlas y les tocaba los senos, lo que no era cierto. (Boliviana)

En la escuela era más reservado, callado, muy introvertido, aislado, me gustaba estar más con las niñas, no por los juegos sino porque me sentía más seguro. Con los varones sentía que había mucha agresión y no me gustaba. Recibí muchas ofensas en la escuela y toda clase de insultos: maricón, puto, puñal etc. (Mexicano)

En la primaria empezaban las agresiones, traía el pelo corto, me gustaba jugar fútbol con niños, empezaban los sobrenombres, la marimacha, la niño, me hacían sentir mal, yo trataba de aparentar que no lo era, no me hacían sentir bien las cosas que hacían las niñas, me sentía mejor jugando diferente, deportes. Pero desde allí empezaron las agresiones verbales y físicas, varias veces fui golpeada en el baño por otras compañeras, cuando estuve en el equipo de fútbol recibí varias agresiones. (Salvadoreña)

Había agresiones muy fuertes, complots de casi todos los compañeros contra mí, era como una presión, una angustia diaria, cuando no era uno, era el otro. Así los 40 compañeros que iban en la clase, pues no había un día que en que alguien no me molestara. De niño me golpearon siete compañeros de la escuela, me juntaba mucho con mujeres y les empecé a caer mal a los compañeros. Un día que estaba con una compañera de clase, se enojaron y todo empezó con una simple pamba, machicha entre todos y de ahí se soltaron los golpes, fue doloroso porque terminé con la boca reventada, la nariz sangrante y moretones en la cara. En casa les daba las razones de que me pegaron, me hicieron esto, lo otro, pero nunca les decía que la razón era porque era marica. (Mexicano)

Cuando entré a la secundaria, tenía el cabello un poquito crecido, porque allá se estila que los varoncitos tengan el cabello corto. Una profesora me tiró el cabello y me dijo "te lo cortas porque esto es de mujer" y claro, yo me sentí mal en mi orgullo... Era difícil entrar a los baños. Tenía que esperar que terminara el recreo y entrar y salir corriendo, porque había un grupo de estudiantes que me fastidiaban mucho y me tocaban el cuerpo y me forzaban y me agarraban, empezaban a manosear. Nunca me gustó eso, trataba de no ir. (Peruana)

El ámbito familiar es otro espacio institucional que lejos de ser el espacio primario para la afectividad, es generador de violencia. Del total de 42 entrevistados, 32 declararon haber recibido maltrato familiar debido a su disidencia sexual. Los testimonios dan cuenta de maltratos y abusos a muy temprana edad, debido a que los niños no responden a las expectativas que el orden genérico requiere, situaciones que incluso llevan a la amenaza de muerte:

Si alguno de los patojos me sale hueco prefiero que se muera antes de que crezca. (Guatemalteca).

Te prefiero muerto a joto. (Guatemalteco)

O:

Haré de cuenta que ha muerto. (Colombiano)

Mis hermanos me molestaban, me ofendían, me golpeaban cuando estaban pasados en alcohol o tomaban drogas, siempre hubo mucha agresión hacia mí. (Mexicano)

En el rancho todos los niños hacían cosas muy diferentes a las que me gustaban, eran muy rudos y no me gustaba, se me hacía muy pesado y prefería quedarme fuera de los juegos o quedarme con las niñas, era más cómodo. Siempre se me hizo pesada la vida en el campo, mi papá me exigía que le ayudara en la milpa, con los animales y trabajos en la casa. Fue mucha su presión por convertirme en un hombre y que me comportara como los demás niños, se me hizo una pesadilla. Eso influyó mucho [para] que me sintiera diferente a ellos, porque estaba detrás de mí. (Mexicano)

Me decía que parecía vieja, me identificaba como mujer siempre, siempre, delante de mis amigos y de todo el mundo y que no iba a servir para nada, fue una carga muy pesada. En las noches tenía pesadillas y lloraba y mi papá en vez de irme a reconfortar, cuando lloraba me iba peor porque me pegaba y me decía que parecía vieja y cada regaño incrementaba mi temor y no quería soñar porque sabía que me iba a ir peor cuando despertara. Me obligaba a pelear con los niños para que demostrara que era hombre, generalmente con los más grandes. A mí no me gustaba, sobre todo porque era disparejo, porque él decía que si yo peleaba con los más grandes iba a aprender a ser hombre y se daba mucho en el pueblo que se hacían rueda de los señores y yo tenía que pelear con los niños, hasta que me sacaban sangre de la nariz o era que yo se les sacaba, casi siempre me la sacaban porque eran mayores. El problema era que los señores se reían, a veces nos ponían los guantes, a veces a manos limpias. Cuando el niño que me había ganado estaba con otros niños, ahí me iba muy mal. Había un niño en especial que me agarraba siempre y estaba con amigos siempre y me daban, me surtía todo, ya sin mi papá, sin quien me defendiera, era muy complicado. (Mexicano)

El modelo predominante de familia de América Latina hasta hace poco era y, en muchos territorios, como se aprecia, sigue siendo el de familia nuclear, constituida a mediados del siglo XIX, conformada por la pareja heterosexual con hijos, son unidades económicas, sociales y políticas que subordinaban los intereses de los hijos y mujeres a los del padre. En estas familias, los hombres tenían el poder indiscutido y las mujeres eran subordinadas a cambio de protección y estatus social, que además incluía el control sobre sus cuerpos, sus emociones, sus hijos y su trabajo.

La heterosexualidad obligatoria como ámbito conminatorio:

> En el barrio también la gente sabía que yo era diferente, me consideraban diferente; algunos me hacían burla, otros hacían bromas; los hombres querían demostrarme que podían cambiarme, constantemente [sufría] el acoso sexual. (Puertorriqueña)

Para muchos la persecución por faltar a las normas de la masculinidad o feminidad impide incluso la posibilidad de acceder a un empleo:

> Ha sido muy difícil para mí conseguir trabajo en mi país, porque no era lo suficientemente femenina; sin tacos ni maquillaje, era muy difícil; después de tantas negativas ya ni me atrevía a preguntar por trabajo en alguna parte. (Boliviana)

> Cuando empecé con mi proceso de transgenerización, primero a pintarme sutilmente, ponerme aretes discretos, empecé a tener problemas con mi jefe, yo me defendía y alegaba que mi trabajo respondía por mí. Pero cuando me dejé crecer el pelo y usar ropa no tan masculina, me despidieron. (Guatemalteca)

Aun cuando esta forma de violencia proviene de particulares, existe una responsabilidad estatal de proteger a los sectores vulnerables de cualquier forma de violencia, pero gran parte de estas injusticias cuando fueron denunciadas, no han sido oídas o recepcionadas como tales. Esta forma de violencia estatal junto a programas de limpieza social o cero tolerancia, donde el diferente es el sujeto a erradicar, ha llevado a cientos de disidentes a abandonar sus hogares, sus ciudades y sus países, buscando un nuevo espacio de libertad y seguridad.

Razones del sexilio

Destacan como razones del exilio las situaciones ligadas a la violencia, tales como amenazas de muerte, violencia política, maltrato familiar, VIH, así como la búsqueda de libertad.

Si bien las leyes de inmigración de Estados Unidos incluían, hasta 2009, al VIH como una razón para negar visa, por tratarse de enfermedad infecciosa, se ha concedido el asilo a personas portadoras del VIH por razones de humanidad, pues probaron discriminación de las instituciones de salud en la atención a pacientes con VIH, o que en su lugar de origen les está limitado el acceso a medicamentos y/o que a falta de los mismos está en riesgo su vida. El siguiente testimonio da cuenta del trato discriminador a seropositivos en una clínica privada y las serias limitaciones que presenta el seguro social:

Lo hice por mi cuenta, me tardaron como 15 días en darme los resultados. Yo quería ver a este médico que no me lo dijo tan mal. No estaba y me pusieron otro y vi los resultados y no supe interpretarlo, estaba con mucha angustia y la enfermera me dijo que el médico estaba de vacaciones, y que si quería esperara al médico de emergencia. Esperé como 3 horas porque tenía mucha angustia. Cuando sale me dice: "¿por qué te preocupas tanto?, lo que hiciste ya lo hiciste, no te preocupes, lo que te va a pasar es que un día te vas a volver loco y entonces ya te trataremos y si te da diarrea vienes y te trataremos de la diarrea, si te haces ciego, vienes y vemos con qué te lo podemos quitar. Ya no puedes resolver nada, no entiendo por qué estás tan preocupado, debiste preocuparte antes, en realidad no tiene caso que te vea, no puedo hacer nada, lo que tienes que hacer es ir al seguro y empieza a que te traten y si quieres tratarte con nosotros, ven cuando tengas algo, no puedo hacer nada, ni tú. Lo hecho está hecho". Me sentí remal porque para empezar yo no sabía que te hacías ciego, tampoco sabía que te daba diarrea, que te podías volver loco. Ese día estaba muy preocupado porque había pedido permiso en mi trabajo por una hora y ya habían pasado tres y ya, por experiencia, ya no me podía esperar, me fui al seguro, pedí cita, no me atendieron ese día, me dieron cita como en 15 días. Me dijeron que fuera a La Raza, yo tenía la clínica Legaria, tuve que hacer cambios, me dijeron que fuera con la infectóloga y mis trámites tardaron como 5 días para La Raza. Y, por fin, cuando llegué, había 75 personas esperando en la sala, estaba atascado, enfermos de todo y gente en una situación gravísima, muy delgada, con manchas, con tapaboca, tosiendo, parecían cadáveres andando. Una situación terrorífica. Me citaron a las 9 y eran las 12 y nadie me atendía, me dijeron que fuera a ver mi peso y presión, y enfrente estaba un muerto en una camilla y parecía que era de SIDA, se les cayó la sábana. Ya con la doctora me dijo: "qué bueno que cuentas con seguro social, pero es importante que te preocupes, porque tengo 1200 casos que han sido despedidos de su trabajo, que antes les estaba atendiendo y tienen VIH y no les puedo atender, porque ya no tienen seguro social. Casos de tu compañía y de la Comisión Federal de Electricidad y de PEMEX". Y me empezó a mostrar. "Y cuando en tu trabajo se enteren o se te empiece a notar la enfermedad, seguro te van a correr, yo te recomiendo que empieces a ver organizaciones donde te vayas preparando, mijo, porque la cosa se va a complicar, porque los 1200 casos que te digo son los que tenían seguro, pero si contamos a los que ni siquiera han tenido trabajo, es una cantidad que ni te imaginas y no tienen acceso a los medicamentos."

"Aun de la gente que estamos atendiendo, es como el 11% que se queda sin medicamentos, porque se acaban los medicamentos, ahorita ya no puedo escribir porque se acabaron las formas de copia y tengo que usar estas antiguas y meter papel carbón, pero como ya no hay papel carbón ve cómo ya no puedo ni escribir, no tengo ni siquiera los implementos básicos para hacer mi trabajo, estamos en números rojos." Me empezó a plantear un panorama bastante malo. "Pero no te preocupes, nosotros damos lo que está a la mano y afortunadamente ningún paciente se me ha muerto". Pero cuando ves los pacientes afuera... no están muertos pero están agonizantes, y el panorama se me hizo muy grave. (Mexicano)

En el caso de Centroamérica la violencia cobra especial importancia debido a la historia de guerra que la región ha vivido, tal es así que las estrategias de intimidación empleadas en la época de violencia política, siguen vigentes. Así, es frecuente la persecución policiaca con agravantes de allanamiento, amenazas de muerte y atentados. Tres de los casos estaban ligados a la situación de guerra donde el ejército tuvo autorización para realizar acciones de represión abierta. Destaca el caso de un periodista salvadoreño que por el hecho de publicar información sobre VIH y homosexualidad en uno de los diarios de circulación fue objeto de diversos atentados. También destaca el caso de una hondureña que por apoyar a organizaciones LGTB, le fue allanado su domicilio con lujo de violencia y amenazas de muerte, aun estando presentes sus hijos menores, quienes ahora sufren las consecuencias traumáticas.

La persecución estatal es aún una razón de peso que pone especialmente a los disidentes sexuales en situación de indefensión. En el caso de México, la extorsión policiaca, muchas veces acompañada de violencia incluso sexual, ha sido nombrada como una situación que ha llevado en más de un caso a la desestabilidad emocional, debido a que esta se presenta de manera recurrente. Uno de los entrevistados manifestaba que cada semana tenía en la puerta de su casa a efectivos de la policía judicial cobrando su "cuota", bajo amenaza de develar su identidad en su centro de trabajo y con su familia. Ante esa situación, nuestro sujeto se preguntaba ante quién poner denuncia si eran los representantes de la ley y el orden los que los extorsionaban. Varios casos refieren a arrestos o *razzias* a la salida de discotecas de ambiente gay, encierro en separos y violaciones por parte de la policía.

Las instituciones de organización jerárquica, como el ejército, cuya lógica de funcionamiento se sustenta en la obediencia y no en la razón, en la organización piramidal sostenida por el respeto, el miedo y la sumisión, que exacerba la masculinidad como un valor ligado a la violencia; presentan frecuentemente casos de abuso y violación a derechos humanos. Un caso emblemático es el de un joven mexicano en el servicio militar, recurrentemente violado por su superior. La situación se tornó insoportable, lo que lo llevó a desertar del ejército. Para protegerse, el superior involucrado lo acusó de haber abusado sexualmente de sus compañeros, fincándosele cargos por delito de deserción agravada con la consecuente persecución de la institución castrense. Ante esta acusación, su familia le dio la espalda. La Comisión de Derechos Humanos no asentó su denuncia por tratarse de un asunto del fuero militar y, sumido en una fuerte depresión, y tras un intento de suicidio, apoyado por amigos huyó al norte a solicitar asilo político. Su abogado encontró como antecedentes gran cantidad de casos similares que sustentaban positivamente su petición de asilo político.[9]

Otro caso de persecución estatal lo encontramos en un funcionario diplomático, padre de una lesbiana mexicana, quien al enterarse de la identidad de su hija intentó asesinarla, pero ella logró escapar con la ayuda de su madre. Pero el puesto de diplomático le permitió obtener información de los lugares donde estaba su hija, quien tuvo que cambiar incluso de nombre para poder sobrevivir.

La persecución no estatal, es decir, la realizada por la sociedad ci-

---

9 En mayo de 2009 Amnesty International presentó al presidente de la república el informe "Impunidad Uniformada", un reporte de casos de violación a los derechos humanos cometidos por la Secretaría de la Defensa Nacional y la Procuraduría General de Justicia Militar, la irregularidad de los procesos de justicia militar y la impunidad de la institución.

vil, es también una circunstancia que puede hacer peligrar la vida y seguridad de los disidentes. Destaca el caso de un mexicano amenazado de muerte por los hermanos de un ex novio a quien contagió de VIH.

Pensé en la posibilidad de tratarme, hacer el último esfuerzo de buscar una esperanza de mantenerme, estaba harto de la discriminación, de las agresiones, de los insultos, que la gente me viera como una persona que no tenía valor. Aparte de estar positivo, de haberme metido con personas y de haber hecho inconscientemente una cadena de contagio, me provocó enemigos muy fuertes, muy poderosos, que querían acabar con mi vida. En particular fue una antigua pareja, tuvimos un momento de convivencia años atrás, y yo todavía no me enteraba que era VIH positivo, me sentía bien, no podía pensar que pudiera estar enfermo. Después de tiempo, un mes antes de venir, me llamó a mi casa pidiéndome cuentas por lo que había pasado y a pesar de que ofrecí brindarle mi ayuda, apoyo, a llevarlo a donde yo me trataba para que él también recibiera atención médica, era más grande su enojo, fue más grande su odio para amenazarme, para decir "voy a acabar contigo y no me voy a tentar el corazón para la forma en que te voy a matar". Yo me imagino que él estaba en la misma condición que yo. Yo me imagino que en ese momento necesitaba con quien sentir odio, con quien sentir coraje, porque yo no sabía quién me había contagiado y quise entenderlo. Yo era el culpable a sus ojos, aunque no hay seguridad tampoco de ello. Yo me tuve que esconder en varias casas antes de venirme, al momento de ir a una central camionera para comprar un boleto para huir al DF fui sorprendido por uno de sus hermanos y otra persona y me dieron una severa golpiza, una golpiza muy violenta en el estacionamiento de la central camionera. Eso también provocó, sin que lo supiera, que sacaran llaves de mi casa y se metieran y me dieron otra golpiza adentro y me dieron ultimatos para conseguir dinero para que mi ex pareja se atendiera en una buena clínica, momentos que me orillaron, ultimatos que en tanto tiempo consigues esta cantidad de dinero y vas a hacer esto y esto, no lo hice porque antes de que se cumpliera mi sentencia yo ya estaba fuera de México, estaba viviendo con otros amigos. Me tenían investigado, en una ocasión que me fui de mi casa para esconderme en casa de mi amigo, dieron con la casa, la golpiza que me dieron en la central camionera fue porque me siguieron, no entiendo los métodos que usaron pero estaba muy bien vigilado.

En el caso centroamericano, la amenaza que realizan los Maras ante la indiferencia de la policía, así como la agresión de los vecinos con pintas humillantes o el maltrato físico y emocional de la familia, han sido causa para el sexilio.

Otra de las razones encontradas es el deseo de acceder a un proceso de transgenerización sin humillaciones y estigmas. En San Francisco existe una clínica de la ciudad que, entre otros servicios, ofrece la dosificación de hormonas junto con asesoría psicológica y legal a fin de evitar la automedicación y en consecuencia el peligro de muerte de las personas en proceso de transgenerización. Un trans de mujer a hombre, que se sexilió entre otras cosas, en busca de un tratamiento hormonal, testimonia los niveles de odio hacia las personas trans en su país:

> Como mi mujer estudiaba en la noche, yo la iba a traer, y como es una ciudad chica no hay buses; caminaba como unas seis u ocho cuadras. Regresaba para la casa con ella y venían unos muchachos molestándola; en una parte oscura uno de ellos se nos abalanzó y la quiso topar. Entonces, por defenderla forcejeé con él —mi voz algo se notaba, aunque yo trataba de hacer más fuerte mi voz y muchas veces me lastimaba la garganta por tratar de fingir una voz más fuerte. En el forcejeo, él bajó las manos y tocó mi pecho y fue cuando él se dio cuenta. Nos dijo de qué nos

íbamos a morir, que éramos unas tales, unas cuales, que éramos unas degeneradas... Con nosotros barrió el piso. Ya armado de coraje, porque también la estaba ofendiendo a ella, le dije que sí, que sí era y qué, y que si no le daba vergüenza ser hombre, porque ella siendo tan bonita y mujer me hizo más caso a mí que a él.

Nos pusimos a decirnos de cosas y todo y cuando se vino contra mí, la golpeó a ella; porque yo me hice a un lado; cuando yo veo eso, me le voy encima y en el forcejeo lo único que me acuerdo es que sonó: ¡pum! Y yo me quedé en el suelo, y cuando él se levantó es cuando veo una pistola, y me dijo: esto y mucho más te mereces. Como alguien venía, dijo que ya no nos mataba a mi mujer y a mí, porque por eso merecíamos, morir, por ser una gente tan degenerada, si no lo hacía, es porque alguien venía. Voló por ahí y si lo veo no lo voy a reconocer. Así fue como yo tuve el atentado por defender a mi mujer. (Ecuatoriano)

Las agresiones callejeras con insultos, piedras o basura, son recurrentes en los testimonios de los disidentes sexuales a lo largo del continente, así como el abandono de la familia, con las consecuentes expresiones tales como "te prefiero muerta a lesbiana". Razones que junto a otras, hacen una estancia insoportable en sus lugares de origen y motivaron la decisión del sexilio.

Situación migratoria

Debido a que el sexilio fue la condición para las entrevistas en cuestión, buscamos latinos disidentes a la norma heterosexual y genérica que tuvieron que salir de sus países por razones de homo, lesbo o transfobia. La situación migratoria al momento de la entrevista mostró que de la población entrevistada, 16 (38%) había obtenido de manera legal el asilo político y seis estaban a la espera de resolución. A diferencia de lo que puedan afirmar las autoridades mexicanas respecto de los asilados en el extranjero, de los 18 mexicanos, cinco obtuvieron el asilo y cinco estaban en espera de

Tabla 2. Situación migratoria - Centroamérica

	Homo	Les	Bi	Trans ♀-♂	Trans ♀-♂	Total
Asilo político	1	2			2	5
Trámite AP	1					1
Residencia x familia	1					1
Trám Resid x Trabajo	1					1
Ilegal	1					1
Ciudadana (PR)		1		1		2
Total	5	3		1	2	11

Donde Homo = homosexual; Les = lesbiana; bi= bisexual, y trans = transexual.

Tabla 3. Situación migratoria - Sudamérica

	Homo	Les	Bi	Trans ♀-♂	Trans ♀-♂	Total
Asilo político	2	2		1	1	6
Residencia por familia	1					1
Trámite de residencia por matrimonio	1	2				3
Turista	1					1
Ciudadana	1	1				2
Total	6	5			1	13

Donde Homo = homosexual; Les = lesbiana; bi= bisexual, y trans = transexual.

Tabla 4. Situación migratoria - México

	Homo	Les	Bi	Trans ♀-♂	Trans ♀-♂	Total
Asilo político	3	2				5
Trámite AP	2	1	1		1	5
Residencia por trabajo	1					1
Trámite de residencia por matrimonio	1					1
Ilegal	3			1	1	5
Ciudadana		1				1
Total	10	4	1	1	2	18

Donde Homo = homosexual; Les = lesbiana; bi= bisexual, y trans = transexual.

33

obtenerlo. Un número menor pero considerable (5 para el caso mexicano y un centroamericano) era de inmigrantes ilegales. Es interesante observar que la estrategia del matrimonio heterosexual (como simulación) para conseguir la legalidad no aparece como un dato significativo. Dos de las entrevistadas eran puertorriqueñas, y a pesar de ser ciudadanas norteamericanas, debido a que Puerto Rico es un Estado Libre Asociado, dejaron su país a causa de la homofobia y las leyes intimidatorias que existían entonces.[10]

Las solicitudes de asilo

Teniendo en cuenta la realidad de los derechos humanos en la región, la solicitud de asilo político por razones de disidencia sexual es un derecho al cual podríamos aplicar la mayoría de los disidentes sexuales, debido a que hemos experimentado cotidianamente discriminación, persecución y violación a nuestros derechos humanos. Con estos requisitos básicos, sustentados en la historia de vida, abogados particulares o de organizaciones de la sociedad civil han argumentado la pertinencia del asilo político. Los honorarios de los abogados que han llevado a cabo los procesos han sido sufragados por las organizaciones de la sociedad civil dedicadas al apoyo de migrantes o mediante bonos que el gobierno ofrece a abogados que defienden casos de población vulnerable. Sólo dos de los entrevistados pagaron los honorarios de un abogado.

Cuando llegué aquí y me dice el chavo de Liz Foundation que puedo aplicar asilo, hice una cita con la barra de abogados. Hablé con una abogada, y me dijo: "tienes que cumplir tres cosas: si tú perteneces a un grupo social en donde tu vida no haya podido ser como tú hubieras querido ser o que no hayas vivido tu vida plena, una represión a tus derechos humanos—y la ley en EU te protege contra eso––, si tú has sido discriminado por eso y si has tenido alguna especie de persecución, ya sea por tu creencia religiosa o tu creencia política o por pertenecer a tu grupo

---

10   Puerto Rico logró la despenalización de la homosexualidad en 2003.

social, puedes aplicar para asilo. Lo único que necesito es que me digas qué ha pasado con tu vida y qué has hecho en tu vida". Le conté la historia y me dijo: "hay muchos elementos que te apoyan para asilo". Ingresé los documentos en marzo del 2003, llegué en octubre del 2002. Hice la solicitud como en febrero, pero el 12 de marzo el INS [Oficina de Migración] me mandó una notificación para que me presentara a la entrevista. Me entrevistaron y me preguntaron sobre mi historia, básicamente lo que tú me estás preguntando, tuve que narrar mi niñez, mi adolescencia, con más detalle, porque tenían preguntas sobre derechos humanos. Fueron muy respetuosos. Sí, había preguntas capciosas pero hacían las preguntas tratando de saber si la gente no está tomando ventaja para pedir asilo haciéndose pasar como gay, para darse cuenta... si eres honesto con las respuestas... No los veo como policías haciéndote preguntas para que falles, te hacen preguntas adicionales para ayudar a resolver tu caso, el problema es que si tú estás mintiendo, ellos detectan que te estás aprovechando de una coyuntura. (Mexicano)

El plazo perentorio para solicitar asilo político es de un año desde el momento en que se ingresó al país y el proceso puede ser resuelto en seis meses o más en los servicios de inmigración. Una vez presentada la documentación, el servicio de inmigración envía al solicitante una notificación para una entrevista. Luego de la entrevista, el servicio de inmigración hace las investigaciones correspondientes y realiza una siguiente notificación en la que puede estar lista la resolución. Si es favorable, se le toma la fotografía y se le otorga el asilo. Si no es favorable, es posible apelar mediante un proceso judicial, donde se resuelve el caso.

Cuando uno aplica para asilo político, te entrevista el servicio de migración (INS), a partir de que reciben la aplicación tiene que pasar 6 meses para pedir el permiso de trabajo. El resultado tarda un año o un poco más. La protección que te dan, dijo mi abogado, es que como estoy en proceso, no me pueden regresar a México hasta que se defina. En la entrevista, me tomaron las huellas, las que mandan investigar que no tenga récord criminal al FBI. Al momento que tienen la respuesta mandan la carta y me dicen si me aceptaron o no, si no me aceptaron te dan cita para un juzgado, tengo que ir con un juez y comprobar. (Mexicano)

Sí, tengo una cita dentro de un mes con migración, se me presentó el permiso para no salir del Estado de California, en la cita debo dejar mis huellas dactilares. Tengo entendido que después de la cita que tenga con migración, independientemente que la respuesta sea sí o no te puedes quedar aquí, puedo solicitar en 3 meses un permiso para trabajar en el Seguro Social. Estoy en programas que brinda EU para personas viviendo con VIH y este programa me permite recibir apoyo económico por estar en deshabilidad por mi salud. Aquí es asombrosa la ayuda que te proporcionan, quedé admirado y totalmente agradecido de que en este país hay muchas compañías que ofrecen servicios diferentes. O sea, lo que a mí me brinda el gobierno es solo para mí, porque hay otro programa que me proporciona casa, otro programa que me proporciona comida, otro programa que me proporciona estudio, hay un programa que me proporciona tickets para ir al teatro, al cine, para ir a divertirme a muchos lugares, totalmente gratis. Y lo que recibo de dinero del gobierno es sólo para mí, para gastármelo en ropa, en divertirme. Estoy muy contento porque incluso hubo un amigo que pensó en mí y me regaló una computadora que tiene un año y ya no la quiere usar, él va a comprarse una nueva y me va a regalar la suya. (Salvadoreño)

No sabía al respecto. Me dijeron que podía hacer el trámite de asilo político cuando fui al Instituto Familiar de la Raza y en la clínica donde hago el tratamiento hormonal. Tuve una entrevista, me pusieron un abogado, fue por Derechos Humanos, fue completamente gratuito. (Ecuatoriano)

Otorgamiento de asilo político

En la resolución favorable para el asilo político encontramos algunas políticas que han favorecido a los solicitantes, dependiendo de las circunstancias. En primer lugar, están las solicitudes hechas por personas provenientes de países en situación de guerra, en las que esa circunstancia ya es una causa suficiente para la solicitud de asilo, pero si además de la guerra se presenta la agravante de la orientación sexual, que genera más odio y en consecuencia peligro para la vida del solicitante, el caso tiene mayor consideración.

Fui a la organización que se llama CARESEN, que es una organización para inmigrantes más que todo centroamericanos. Hubo dos veces que se atentó contra mi vida en las manifestaciones guerrilleras en el Salvador, a pesar de que se firmó el acuerdo de paz yo sentía miedo de regresar. A pesar de que mi participación no fue tan palpable como el de muchas otras y de verdad estaban en lista negra, solicité asilo y me lo concedieron. (Salvadoreño)

En algunos de estos países el clima de posguerra ha dejado muchas secuelas, sobre todo de inseguridad. Las políticas de limpieza social, en algunos casos expresadas en leyes como la de Honduras, han dado poder a las fuerzas armadas para reprimir a las disidencias sexuales con los métodos de la guerra sucia. Tal es el caso de la hondureña comentada anteriormente, a quien le allanaron su domicilio con amenazas de muerte, razón por la cual obtuvo el asilo político.

La aparición de los Mara Salvatrucha, un grupo de jóvenes delincuentes que aprovechando el clima de inseguridad han causado terror en Centroamérica y entre los migrantes por sus métodos violentos.

Siempre quise luchar por mis derechos y por los derechos de las que son como yo, mis ideas son de luchar en mi país. En mi país me amenazaron de muerte porque era parte de la comunidad [LGTB] y me les pude escapar a los pandilleros (Maras). Llevamos la información a la policía y nunca les hicieron nada ni nos hicieron caso por ser transgéneros y eso me motivó para venir a EU. La policía no hace nada por estos casos.

Conocí una Asociación que trabaja para personas seropositivas y nos dijeron cómo era el sistema de asilo político. Preguntaban de todo y me interesó y otro amigo que tenía asilo político me convenció. Mi proceso demoró 6 meses. Yo tenía 5 demandas puestas a la policía contra mi padrastro, entonces yo traje todo lo que me justificaba y lo de la policía que no hizo nada sobre estas personas [Maras] que me querían matar. (Salvadoreña)

La persecución que pone en peligro la vida, sea por parte del estado o de la sociedad civil, es argumento fuerte para lograr el asilo político, tal como lo señalamos anteriormente en el caso de un mexicano amenazado de muerte por la familia de su ex novio a quien contagió de VIH. O el caso de una mexicana que sufrió persecución tanto desde la sociedad civil como desde espacios provenientes al Estado Mexicano:

Tocaba en un bar en la Zona Rosa que se llamaba "El nueve". Unos tipos nos pusieron una golpiza y cuando llegó la policía nos trataron de sacar dinero y nos dijeron que nos iban a violar para que se nos quitara lo lesbiana. En la Universidad también varios compañeros me molestaban y uno me golpeó en el estacionamiento de la escuela. Me sentí vulnerable e incapaz de hacer nada y otras amigas me decían lo mismo y cosas horribles. Redadas, te sacaban dinero, una vez me arrestaron y me dejaron ir porque traía una tarjeta de mi papá.

Sí tenía persecución, porque estaba en una asociación, se llama "Cuarto Creciente", un día fui a ver a mi mamá, y mis papás me dijeron que no se iban a hacer responsables si algo me pasaba por andar en esto. Como a los 4 días registraron mi casa y se llevaron cosas de mi casa, libros, cosas. Mi papá puso gente para vigilar mis movimientos.

Después de que mi papá trató de matarme, mi amigo Alejandro me dijo que si no me salía me iban a matar y bueno me vine a Seattle. Cuando llegué me cambié el nombre, porque no quería que mi papá me encontrara. Contacté con una abogada, y decidió ayudarme, trabajamos como 4 años juntando información, y pasé miedos y pesadillas. Fue difícil mi caso. Se tardaron 3 años en responder para hacerme la cita. Me dejaron mensajes de amenazas, me tomaron fotografías. El gobierno mexicano pidió que tomaran fotos y salió en periódicos mexicanos con mi nombre, pero me dieron el asilo político. Fue hace cuatro años. Fui la primera mexicana que por ser lesbiana logró el asilo político. (Mexicana)

El caso de una persona trans que recibió diversas formas de vejaciones y persecuciones, por razones de su orientación sexual y que hicieron peligrar su vida, fue tomada en cuenta para el otorgamiento del asilo político:

Nunca me vestí en Perú. Solo una vez intenté maquillarme los ojos y recibí una agresión. Un grupo estaba bebiendo fuera, dijeron "ahí viene ese maricón" con lisuras ofensivas. Yo dije: "¿qué te pasa estúpido?, ¿qué tienes?" Ya estaba cansada y decidí responderles, pasó una botella por mi cabeza, muy cerca, y ellos empezaron a perseguirme. Como hacía mucho ejercicio, pude correr mucho más y regresé a casa llorando, con un temor muy grande.

No hay leyes que persiguen pero tampoco hay leyes que protegen, existe mucha discriminación, machismo, es una sociedad muy conservadora, muy cerrada en sus conceptos, creencias y la persecución de hecho se da. Tuve ataques de homofóbicos en el mismo centro de Lima, alrededor mío, con mucha gente y nunca nadie dijo: "alto!, qué le pasa!, no la agreda". Empezaron a empujarme, a patearme y nadie dijo nada, hasta que ellos quisieron. Intenté hacer una denuncia, me fui a la comisaría y los policías me dijeron: "No está el capitán. No podemos tomar la denuncia, ven otro día". Iba otro día y ellos se decían: "este es un maricón más, haz tú la denuncia", y no la hacían, se peloteaban. Al final dije váyanse al diablo y rompí la forma que compré en el Banco de la Nación y la tiré allí. No hay canales para ejercer el derecho. Recuerdo, una vez fui a un mercado, "La parada", me fui con un pantalón corto muy apretado y bien chiquito y raído y un polito corto y me atacaron y me robaron. Me agarraron por el cuello me levantaron y dijeron "maricón de mierda ahora te mueres". Quedé fría, no podía hacer nada. Otro me rebuscó y sacó mis pertenencias, dinero, reloj. Una señora salió, fue la única vez que alguien me defendió, fue una mujer que vendía comida en la calle, agarró una escoba y les dijo "suéltenla desgraciados", me dio agua y me dijo: "¿estás bien amor?"

Fui de visita a la ciudad de Zatipo. En las afueras, en la selva central, había huelga de maestros de tres o cuatro meses. Me quedé a estudiar. Estaba muy fuerte el terrorismo en esa zona: Sendero Luminoso, el MRT. Vi muchas matanzas, fue algo horrible. Vivía en la chacra, en el campo, para llegar a la escuela tenía que caminar dos horas, tenía que cruzar un puente que estaba custodiado por el ejército. Un día que regresé a casa temprano, me detuvieron los soldados junto a cuatro personas. Me pidieron documentos, en ese tiempo no tenía documentos, tenía la inscripción de boleta militar previa a la libreta militar. Ellos dijeron tú te vas porque es tiempo, estando yo inscrita en Lima, no en la ciudad de Zatipo, me llevaron a la zona del aeropuerto y soltaron a las otras personas y me dejaron sola. Les dije: "déjenme ir, déjenme ir, por favor, si dejaron ir a aquellos, déjenme ir a mí también". Me asusté y me puse a llorar, me llevaron a una zona oculta de mucha vegetación y me violaron como tres. Me sentí horrible. Nunca hablé de ello. Me sentí muy mal, no sabía qué hacer, me deprimí, era como ir hundiéndome, hundiéndome. Fue una situación bastante fea, me sentí muy desolada, sucedió esto varias veces, cada que cruzaba el puente ellos me detenían, los mismos. Una vez yo intenté correr, no conocía muy bien la zona. Estaban entrenados en esa región, me cercaron, me agarraron, me golpearon en el estómago, en las piernas, arrancaron mi ropa, con una camisa me taparon el rostro y no supe cuántas personas me violaron, mucha gente. Me amenazaron que si los denunciaba, ellos dirían que yo era terrorista, que era un infiltrado terrorista, que tenía volantes que repartía en la escuela y que por eso me mataron y por lo tanto me quedé callada. Tuve que aguantar muchas humillaciones que me marcaron mucho, me hirieron bastante. Lo bueno es que cesó. Salí de Zatipo, terminé la escuela y me quedé en la zona del campo con mis tíos y no salía mucho. Hasta que regresé a Lima.

Yo misma me dije dentro de mí: "no quiero vivir en este país que tanto lo amo pero no voy a poder ser feliz, en el cual no me van a respetar, no voy a poder realizarme como persona".

Un amigo me envió una carta de recomendación de un padre invitándome a un retiro espiritual. Obtuve la carta de recomendación de un padre, de un abad, de Piura, con esas dos cartas me presenté en la embajada y me dieron la visa.

No sabía al respecto. Me dijeron que podía hacer el trámite de asilo político cuando fui al Instituto Familiar de la Raza y en la clínica donde hago el tratamiento hormonal. Tuve una entrevista, me pusieron un abogado, fue por derechos humanos, fue completamente gratuito. Para mí fue duro porque tuvimos que hablar de toda mi vida prácticamente, tenía que darle muchos detalles, fue algo bastante difícil poder hablarlo porque lloraba mucho, mucho. (Peruana)

El miedo a la persecución futura es otra de las razones para otorgar asilo político. Es el caso de la mexicana *gender queer*:

Aproximadamente en el 2000, quería buscar un lugar más *queer friendly*. Entonces San Francisco, el área de la Bahía fue el lugar más atractivo, llegué sin una determinación fija acerca de qué iba a hacer. Finalmente, decidí pedir asilo. Se sustentó en miedo basado en persecución política por cuestión *gender queer*. *Gender queer* es ser hombre o mujer al mismo tiempo o ninguno de los dos, aunque sigo siendo lesbiana. Pesaron todos los antecedentes de persecución contra minorías sexuales y el gobierno de México no hace nada por detener o evitar todo ese tipo de ataques. Hubo una entrevista, estuvo bien, tranquila, sin trampas, respetuosa. Fue pesado esperar, sin saber nada. La regla es que a los 150 días de la solicitud, puedes solicitar para trabajar. (Mexicana)

El caso de una brasileña grafica mejor la causalidad de miedo a persecución futura:

En el año 2001 me despidieron de mi empleo en una firma de alta tecnología. Como yo tenía visa de trabajo, tenía que salir del país. Mi mayor problema no era regresar a Brasil y enfrentar el armario sino dejar a mi compañera americana. Desgraciadamente EU no reconoce las relaciones del mismo sexo para fines migratorios, y encarábamos una dura separación. Sin embargo, tuve la suerte que encontré trabajo y no necesité salir del país. A partir de esto, Leslie y yo llegamos a la conclusión de que no teníamos nada que perder si hiciéramos nuestra historia pública. La situación era la siguiente: la empresa para la cual yo trabajaba no tenía fondos para auspiciar mi *green card*. Decidimos aplicar para emigrar al Canadá. Ese país otorga derechos inmigratorios a parejas del mismo sexo. Si una de nosotras obtuviese la residencia, la otra podría venir sin problemas.

Por el otro lado, sabíamos que al ser no-inmigrante, la inmigración americana podría deportarme por estar en una relación del mismo sexo. Es que la inmigración sabe que no nos podemos casar, entonces, en la mente de la inmigración estos extranjeros están tentados a violar los términos de la visa, o a contraer matrimonio para quedarse en el país. Ambas alternativas son ilegales, y en vez de arriesgarse, la inmigración simple y llanamente expulsa al extranjero. O sea, yo podría ser expulsada y tendríamos que salir del país, y muy probablemente ir al Canadá. Nos dimos cuenta de que independiente de la decisión que tomásemos probablemente tendríamos que mudarnos al Canadá, Leslie y yo decidimos quejarnos de esta desigualdad de derechos inmigratorios. Esta desigualdad duele ahora mucho más que antes pues hay un proyecto de ley en el congreso americano que otorgaría a parejas binacionales del mismo sexo derechos inmigratorios. Sin embargo, el Permanent Partners Immigration Act (PPIA), está tristemente varado en un subcomité del congreso. Leslie y yo decidimos comenzar una organización llamada Love Sees No Borders (www.loveseesnoborder.org) para denunciar esta injusticia. Al mismo tiempo que luchábamos por igualdad, el miedo de la separación y deportación nos rondaba.

Una bella noche, en una reunión del Lesbian and Gay Immigration Rights Task Force, capítulo de San Francisco, conversamos con un abogado de inmigración que nos dijo que gracias a nuestra visibilidad yo tenía un caso legítimo de miedo de persecución futura en el Brasil, y nos recomendó que aplicásemos para asilo político. Cuando recién me despidieron de mi trabajo, Leslie y yo nos informamos sobre asilo político. En aquella ocasión nos dijeron que en realidad gente que había sido agredida y/o perseguida tenía casos fuertes, y como yo nunca había sido perseguida en el Brasil me sería extremamente difícil y hasta imposible obtener asilo. Así que Leslie y yo aniquilamos esa opción desde un inicio y seguimos adelante con los planes para mudarnos al Canadá. Cuando este otro abogado nos explicó que el asilo también es otorgado con base en miedo de persecución futura, y que mi visibilidad me convertía en una candidata a persecución en el Brasil, casi no le creímos.

Sin embargo, le oímos atentamente y él nos explicó que en realidad teníamos un caso legítimo y que deberíamos aplicar. Así lo hicimos, y tuvimos la gran suerte de que obtuve asilo. (Brasileña)

Otra de las motivaciones por las cuales se otorga asilo político con relativa facilidad es el origen, para ciudadanos que "huyen" de países que tienen conflicto político con Estados Unidos como Venezuela:

No quería seguir escondiéndome de nadie, entonces me vine a vivir a Estados Unidos. Es un lugar donde puedes empezar desde abajo, fue por miedo. Lo tramité con un abogado de una organización civil. Sustentamos en razón de que dejé el país porque mi vida corría peligro, ya que una amiga sufrió un atentado y mi ex pareja avaló la historia del atentado y por problemas económicos. (Venezolana)

El caso de Raúl hubiera sido de fácil resolución de haber solicitado la aplicación de la Ley de Ajuste Cubano, sin embargo, el abogado solicitó además asilo político por VIH y por orientación sexual, lo que complicó el proceso.

Yo apliqué por asilo político y por la ley de Ajuste Cubano, pero por ser VIH positivo mi estatus está pendiente de análisis. Hacía diez años que estaba viviendo en Brasil y no había tenido intenciones de mudarme a Estados Unidos, pero en el 2000 mi enamorado vino a trabajar a EU y me invitó a venir con él. Al principio vine, con intenciones de estudiar inglés por unos meses. Pero él me propuso quedarnos y después seguirnos para Canadá. Me gustó la idea y empezamos los trámites migratorios como dependiente de una persona que estaba trabajando aquí. Sólo que, después terminamos (él y yo), y me quedé aquí, no me quedó otra solución que solicitar el asilo político. Siendo cubano pensé que las cosas serían más fáciles. El año pasado entré con solicitud para asilo político, bajo la ley de Ajuste Cubano, pero ellos tienen ciertas limitaciones para las personas que son VIH positivos; dicen que solamente podría aplicar para la ley de estatus cubano si yo tuviera un dependiente o familiar directo, padre, hermano, hijo, en Estados Unidos, que se hicieran responsables o que abogaran por mí, con mi estancia.

Tuve una cita para una entrevista en septiembre pasado, y fue suspendida porque la señora que nos atendió en migración, nos dijo que mi abogado había malinterpretado las reglas de migración, que si era cubano y aplicaba por la ley de Ajuste Cubano, al mismo tiempo no podía aplicar como asilo político, y en ese caso no se aplicaba solicitud por razones humanitarias para acoger a personas VIH positivas. Era un poco complicado y me dijeron que tenía que esperar a que recibiera una nueva notificación de migración. Estoy en contacto con mi abogado y todo está pendiente. Pasé casi un año sin trabajar, debido a que no tenía permiso de trabajo, porque cuando estaba viviendo con mi parcero mi visa no me permitía trabajar. En ese tiempo estuve sin trabajo y estaba pendiente de que se resolviera mi situación legal. Después que apliqué por el asilo o refugio, conseguí permiso de trabajo y creo que encontré trabajo bastante rápido. (Cubano)

Las razones humanitarias, como en los casos de seropositivos que necesitan el medicamento debido a que es difícil obtenerlos en los lugares de origen, es otra de las motivaciones fuertes para el otorgamiento de asilo político.

Salí con resultado positivo en el 89 y en México no había el AZT que era lo único que había en ese entonces y en Aguascalientes no había nada. El médico me dio una sentencia de muerte y yo no quería morir en México. De por sí mi familia ya tenía la vergüenza de un hermano maricón y que la gente murmurara que [yo] había muerto de SIDA... dije no, y por eso decidí salir de Aguascalientes. Ya conocía EU, me dieron la visa ya que tenía un buen trabajo, una cuenta bancaria. No tuve ningún problema. Antes que se cumpliera el año fui a hablar con un abogado que ya ha ganado casos y sí logró ganar mi caso, argumentó que era gay y VIH positivo, fuimos 5 casos. (Mexicano)

Lo empecé a solicitar porque tengo HIV y en Buenos Aires tuve la suerte de contar con una obra social que funcionaba bastante bien y por eso podía conseguir las medicinas a tiempo. De todas maneras había medicinas que capaz tardaban 20 días y no podía darme el lujo de esperar porque empieza a crecer el virus. Cuando vine a visitar a Christian llamamos a la Clínica La Esperanza para preguntar si me podían dar las medicinas si yo era indocumentado. Y me dijeron: "sí, venga, tranquilo aquí le damos todo". Dije: "qué raro, Christian, cómo te van a dar todo". Vine el 25, el 27 me presenté, llené unos formularios y la enfermera me pregunta qué medicinas tomaba en Buenos Aires. Sacó unos frascos y me dice: "Toma esto la primera semana, hasta que nosotros te empecemos a proveer las medicinas por la farmacia". ¡Yo no lo podía creer! Uno de los ayudantes hizo un grupo para personas gays, éramos 6 latinos migrantes, nos reuníamos los martes. Fue divina la experiencia porque nunca había estado en grupos de autoayuda. Como quedó inconcluso, me invitaron al grupo de los viernes y mi vida cambió completamente. Nunca había estado en grupo grande, gracias a ellos conocí la posibilidad de pedir asilo político por lo del HIV, que en realidad, eso no contó mucho, porque hicieron más hincapié en la parte represiva.

La clínica se encargó de conseguirme un abogado por medio de una asociación civil de abogados. Un abogado gratuito se empezó a encargar de mi caso y yo tenía que presentar mi caso antes del 25 de diciembre del 2002 y al abogado lo contacté como en julio. Pasaban los meses y yo seguía esperando hasta que en noviembre me empezó a llamar, y todos los días me hacía llevar esto, lo otro, hasta que el 23 de diciembre le digo el 25 es mi fecha límite. "Vos no te preocupés que yo lo estoy armando". Entró mi trámite a migraciones el día 26, me llegó la primera cita el 25 de enero. Fui a la cita a hablar con el oficial y me dice: "creo que con estas preguntas es suficiente". Me hicieron una entrevista respetuosa muy profunda, las mismas cosas que tú me estás preguntando, mi primera experiencia sexual, cómo me había dado cuenta... etc. Luego me dice: "Te voy a dar una cita el 4 de enero. Si la gente de acá considera hacerte otras preguntas, vas a ir a una corte". Voy el 4 de febrero, me toman una foto, paso a una oficina y una señora me dice: "Welcome to the United States". Quiere decir que el abogado trabajó perfectamente, eso se lo debo a Hermanos de Luna y Sol. También les debo el cambio de profesión. En Argentina trabajaba como maestro de matemáticas de 7 de la mañana a 10 de la noche y acá estoy cantando tangos. Mi vida dio un vuelco en todo sentido. Dejé las matemáticas. El trabajo que hacía en Buenos Aires era inhumano, en barrios de alto riesgo. Llego acá y ya canté en el Fine Arts Palace Teather. Me llevaron del Instituto Familiar de la Raza y es una experiencia que no voy a olvidar en la vida, cantando ante mil personas como lo deseaba de chico, es una sensación maravillosa. (Argentino)

En el caso de un mexicano que solicitó asilo político por razones de tratamiento del VIH y le había sido denegado, en la apelación, la jueza tomó nota específicamente de un acto de violación a sus derechos humanos como motivo para el otorgamiento de asilo político.

> Vine al curso y conocí a mi médico, le expuse mi caso para que me hicieran exámenes que no se hacían en México. Me dijo que sí, pero me tenía que quedar más tiempo para iniciar un tratamiento que me alargara la vida. Tenía visa de turista y así me atendían en el hospital. Luego fui a ver a una abogada y me comentó: "pide asilo político, tienes un caso difícil". No tenía todas las pruebas, fueron muchos trámites. Me tardé mucho en sacarla porque me fue negada una vez, en el 2002. Y tuve después suerte con mi caso porque la juez me preguntó sobre la violación (multitudinaria) y por qué quería yo ser asilado, y dijo: "Sr. Aguilar, es un honor concederle, la nacionalidad estadounidense". Fue increíble. (Mexicano)

De la misma manera, las razones humanitarias están referidas a casos de necesidad de tratamiento hormonal que no es posible en el país de origen.

> No sabía al respecto. Me dijeron que podía hacer el trámite de asilo político cuando fui al Instituto Familiar de la Raza y en la clínica donde hago el tratamiento hormonal. Tuve una entrevista, me pusieron un abogado, fue por derechos humanos, fue completamente gratuito. (Guatemalteca)

Consideraciones finales

Vemos, pues, que el otorgamiento de asilo político ha salvado la vida a algunos de los disidentes sexuales, que de haberse quedado en sus países, probablemente no tendríamos su testimonio, por lo que el asilo político está cumpliendo el objetivo fundamental de la protección del bien más preciado, la vida. De igual manera, ha posibilitado un mejor futuro a muchos otros, del que les estaba previsto en sus lugares de origen, no solamente en lo referente al ámbito económico, que seguramente mejoró cualitativamente, sino principalmente en lo referente a la dignidad humana. Quienes han vivido cotidianamente insultos, degradación, violencia física, emocional y económica, valoran sustancialmente la posibilidad de haber transformado su realidad y haber encontrado un espacio más permisible. Es importante tener en cuenta que la primera configuración del sexilio es en referencia a la familia. Lugar que para muchos lejos de ser espacio de contención y afecto, se convierte en el primer riesgo que el/la disidente debe enfrentar y muchas veces soportar.

Huir de la violencia homo-lesbo-transfóbica familiar también ha significado poner a salvo la vida, la seguridad y la estabilidad emocional.

Hemos podido observar que, efectivamente, los niveles de violencia dirigidos a los disidentes sexuales en el Abya Yala siguen siendo una realidad preocupante y muy probablemente muchos quedaron en el camino debido a los crímenes por odio, y es muy factible que ni siquiera cuenten en los registros. También podemos concluir que los trámites para la solicitud del asilo político parecieran no muy complicados, lo cual resulta absolutamente beneficioso para quienes sufrieron tras el trauma de la persecución, el peligro de muerte, y se inclinaron por la búsqueda de certezas, la estabilidad emocional y económica, entre otras. Los procedimientos no deben dejar de lado los principios de trato humanitario, propio de los derechos humanos.

Es también una realidad observable que algunos de los casos —con el riesgo que puede tener contrastar desde fuera la experiencia ajena— parecieran no haber sido lo suficientemente graves, comparados con otros. Muchos de los que desde América Latina hacemos una lectura de tales circunstancias, no podemos evitar comparaciones y reflexionar sobre experiencias vividas que probablemente parecieran tan graves o en algunos casos superiores, lo cual nos pone ante la hipotética circunstancia de que la mayoría de los disidentes sexuales podrían ser sujetos de asilo político en Estados Unidos. En consecuencia, surgen algunas interrogantes: ¿hasta qué grado de represión debemos mantenernos en nuestros países de origen? ¿Cuál es el momento o la circunstancia que justifica dejar nuestro país o región y buscar mejores horizontes? ¿Qué pasaría si todos los disidentes sexuales con justas razones o no decidiéramos abandonar nuestros países? ¿Hasta qué punto vale la pena luchar por transformar la realidad de nuestros países en nuestra propia región? ¿Es realmente Estados Unidos el paraíso y modelo de solución a la falta de libertad que los Estados latinoamericanos son incapaces de otorgar? ¿Cómo entender este clima de violencia en el contexto regional hacia los disidentes sexuales?

Agamben plantea que si bien el "tránsito a la democracia" en la región latinoamericana ha limitado el autoritarismo previo, este no ha sido erradicado debido a los intereses del nuevo orden internacional y las reconfiguraciones económicas. No obstante, el nuevo orden económico ha implicado reducir las facultades del Estado y su poder discrecional se ha mantenido bajo la figura del *Estado de excepción*. Para la defensa de la ley, el Estado conserva la capacidad de traspasar el derecho vigente mediante dicha figura, que comprende la suspensión o la violación de la ley, *amparada desde el propio derecho*. Se podría decir que esta figura de la excepcionalidad "alarga" el brazo del Estado y el alcance de su violencia.

En América Latina, el Estado de excepción no sólo ha estado presente cuando peligra el orden establecido o existe una fuerte disputa por la hegemonía, se ha convertido en la "norma" y se ejerce sobre *una parte de la sociedad* que, de hecho, queda fuera del orden instituido. El derecho iguala sólo a los "iguales", mientras otros quedan fuera de su protección y permanecen en los bordes, expuestos a distintas formas de la violencia, como ocurre, por ejemplo, con la población indígena o con ciertos grupos de mujeres, especialmente las más pobres y los homosexuales.

La experiencia latinoamericana, desde los años setenta y hasta nuestros días, muestra que el Estado de excepción, en todas sus modalidades, es parte constitutiva de nuestros Estados, y esto ocurre fuera y dentro de las llamadas "democracias" por el carácter restringido y estrictamente electoral[10] de las mismas. Agamben afirma que en el mundo actual "las grandes estructuras estatales han entrado en un proceso de disolución y la excepción se ha convertido en regla. El espacio jurídicamente vacío del Estado de excepción ha roto sus confines espacio-temporales y al irrumpir en el exterior de ellos, en el cual todo se hace así posible de nuevo" (Agamben, 1998). Así, hay una relación entre el nuevo orden internacional y la continuidad del sistema político autoritario de los setentas. Es así que las actuales democracias son posibles para la consumación de la apertura irrestricta de los mercados y el capital trasnacional, la impunidad de los gobiernos asesinos y genocidas que protagonizaron las políticas represivas, la desarticulación y desorganización de la sociedad civil, la eliminación de las alternativas políticas de izquierda mediante una neutralización y derechización de sus demandas, que las hace funcionales al nuevo orden global imperante, precisamente, desde los años setenta.

No se puede pensar la transformación de los Estados latinoamericanos de manera independiente a la reorganización estatal que se está configurando a nivel planetario, y que los coloca en relaciones de subordinación y condicionamiento con respecto de las instancias estatales supranacionales o de las naciones más poderosas.

Sin negar que el asilo ha posibilitado la sobrevivencia de muchos disidentes sexuales, en esta relación de desigualdad, no es casual que Estados Unidos aparezca como el paraíso que da acogida a los disidentes a la norma, aun cuando esta sea la heterosexual y ello implique que principalmente los líderes o los activistas más visibles, o cualquier disidente sexual, tenga que dejar sus lugares de origen y sus luchas e integrarse en una sociedad donde aparentemente no hay que luchar por nada porque la apertura democrática les permite una sociedad de libertad ligada al consumo. Así, el *America way of life* aparece como un modelo alternativo a las carencias económicas, democráticas, de movilidad, y de libertad de elección. Nuevamente Norteamérica se constituye como el modelo alternativo, el paraíso democrático que acoge a las víctimas del subdesarrollo, de la barbarie, de las injusticias de los gobiernos antidemocráticos, de las dictaduras, de aquellos a los que apoyó en los golpes de Estado, a los que orilla mediante medidas económicas a restringir el papel de Estado benefactor y dejar a la población más vulnerable a las lógicas del mercado internacional, o impulsa lógicas fundamentalistas que impidan libres decisiones sobre los destinos personales y nacionales.

Por otro lado, Ochy Curiel, en su reciente libro, *Nación heterosexual* (Curiel, 2013), afirma que la construcción de Nación tiene un significado profundamente heterosexual, debido a que se estructuran bajo las dimensiones de un contrato heterosexual basado en la diferencia sexual, lo que le imprime la característica de un régimen político. Si bien la Constitución define la nacionalidad como base de la ciudadanía, puede ser utilizada para limitarla, como es el caso de muchas mujeres y lesbianas migrantes. Aunque la nacionalidad se obtiene por derecho, la ciudadanía está limitada cuando el régimen de la heterosexualidad actúa como demarcador de derechos. Así, nos sugiere que poco importa al país que la disidencia sexual se mueva, mientras el régimen heterosexual se exprese en la constitución misma de cualquier nación, este servirá para delimitar una existencia que escape a las reglas sexo-genéricas. Huir de la persecución homo-lesbo-transfóbica de un país, puede librarnos de la muerte, sin embargo, las bases de la discriminación seguirán presentes mientras la Nación heterosexual tenga existencia. Si bien a decir de Wittig ser lesbiana (o disidente sexual) implica una práctica de cimarronaje a un sistema heteropatriarcal, cuando dicho sistema pone en ejercicio su artillería del odio y la persecución, la homo-lesbo-transfobia; pareciera que el cimarronaje es imposible de concebir en tanto que cualquier estado se conforma como una Nación Patriarcal. No existe pues en apariencia, posibilidad de huida. Cualquier estado tendrá formas diversas de expresar su homofobia, aun cuando en lo individual otorgue asilo y se presente con rostro humanitario y democrático. Sin embargo, operar el cimarronaje colectivo, la acción política disidente, posibilita poner en marcha coreografías que pongan en riesgo la estabilidad y hegemonía de un Estado heteropatriarcal, neoliberal y colonial.

Bibliografía

Agamben, Giorgio. *Homo sacer*. Valencia: Pre-textos, 1998. Immigration Equality s/a. Consultado el 9 de septiembre de 2010. http://www.immigrationequality.org/

Amnistía Internacional. *Crímenes de odio, conspiración de silencio*. Tortura y malos tratos basados en la identidad sexual, 2001. Consultado el 19 de enero de 2015. http://www.amnesty.org/es/li brary/info/ACT40/016/2001

Bonfil, Carlos. "Homofobia y Sociedad. La disidencia sexual y los misioneros del odio". En: Bracamonte, Jorge, ed. *De amores y luchas. Diversidad sexual, derechos humanos y ciudadanía*. Lima: Universidad Nacional Mayor de San Marcos-Programa de estudios de género, 2001.

Butler, Judith. "Variaciones sobre sexo y género." En Marta Lamas, ed. El Género. *La Construcción Cultural de la Diferencia Sexual*. México: Porrúa- UNAM, 1996.

Ceballos, Alfonso. "Teoría rarita" p.170, en Córdova, David; Sáez Javier y Vidarte, Paco; *Teoría queer. Políticas bolleras, maricas, trans, mestizas*. Barcelona, Egales, 2005.

Comisión Ciudadana Contra Crímenes de Odio por Homofobia. "Crímenes de odio por homofobia en México." NotieSe 464: CCCCOH. Consultado el 29 de mayo de 2009. http://www.no tiese.org/notiese.php?ctn_id=2892

Comisión de Derechos Humanos del Distrito Federal, 2007. "Realizará CDHDF informe especial sobre homofobia y crímenes por odio". Consultada el 9 de septiembre de 2010. http://www.cdhdf.org.mx/index.php?id=bol14707. Informe 2002. http://www. cdhdf.org.mx/index.php?id=bol14707 consultado el 29 de mayo de 2009.

Curiel, Ochy. *La nación heterosexual*, Brecha lésbica, Colombia, 2013.

De Lauretis, Teresa. *Alicia, ya no. Feminismo, semiótica y cine*. Madrid: Cátedra, 1992.

Espinosa, Yuderkys. *Escritos de una lesbiana oscura. Reflexiones críticas sobre feminismo y política de identidad en América Latina*. Bs As, Lima, Ed. En la frontera, 2007.

Giménez, Gilberto. "Materiales para una teoría de las identidades sociales" en: Valenzuela Arce José Manuel, *Decadencia y auge de las identidades*. Cultura nacional, identidad cultural y modernización. México: Porrúa, 2002.

Herdt, Gilbert. "Sexualidad en la cultura y la práctica: Repensando la cultura sexual, la subjetividad y el método antropológico de observación participante". En: Bracamonte, Jorge, ed. *De amores y luchas. Diversidad sexual, derechos humanos y ciudadanía*. Lima: Programa de estudios de género. Universidad Nacional Mayor de San Marcos, 2001.

Horswell, Michael J. *Decolonizing the Sodomite: Queer Tropes of Sexuality in Colonial Andean Culture*. Austin: University of Texas Press, 2005. http://www.utexas.edu/utpress/books/hordec.html

La descolonización del sodomita en los Andes coloniales, Spanish translation of Decolonizing the Sodomite: Queer Tropes of Sexuality in Colonial Andean Culture. Austin: University of Texas Press, 2005. (Published by Abya-Yala Press, Quito, Ecuador, 2010; Second Edition, 2013). http://www.abyayala.org/informacion. php?CODLIBRO=2080&FAC_CODIGO=

International Gay & Lesbian Human Rights Commission. Asylum From Persecution Based Upon Sexual Orientation, April 1997.

Jeffreys, Sheila. *La Herejía Lesbiana. Una perspectiva feminista de la revolución sexual lesbiana.* Ediciones Cátedra, Universidad de Valencia y el Instituto de la Mujer Madrid, España, 1996.

Lamas, Marta. "Cuerpo: diferencia sexual y género", en: Debate feminista Nª10, septiembre, 1994.

Lamas, Marta. "Homofobia." La Jornada, 15 de julio de 1994.

Lugones, Maria. Hacia un feminismo decolonial. Hypatia, vol 25, No. 4 (Otoño, 2010), Disponible en: http://manzanadiscordia. univalle.edu.co/volumenes/articulos/V6N2/art10.pdf

Mendoza, Breny, *La epistemología del sur, la colonialidad del género y el feminismo latinoamericano,* 2001. http://media.wix.com/ugd/ 1f3b4c_4b4fc9c69d30059e91571ae5c897dda7.pdf

Mogrovejo, Norma. *Un amor que se atrevió a decir su nombre. La lucha de las lesbianas y su relación con los movimientos feminista y homosexual en América Latina.* México, Ed. Plaza y Valdez-CDAHL, 2000.

Mogrovejo, Norma. "Homofobia en América Latina." En Gilard y Sergio Tamayo, *L'ordinaire. Violencia en América Latina.* París, marzo, 2003.

Mott, Luiz. El Crimen Antihomosexual. Brasil, 2002. http://www. notiese.org/notiese.php?ctn_id=2892 consultado el 29 de Mayo de 2009.

Mouffe, Chantal. *El retorno de lo político. Comunidad, ciudadanía, pluralismo, democracia radical.* Paidós, Buenos Aires, México, 1999.

Palabrería LGBT. Inventario de palabra LBT y sus usos. 10 de febrero de 2009. Consultada el 9 de septiembre de 2010. http://pa labrerolgbt.blogspot.com/2009/02/sexilio.html

Paredes, Julieta. Las trampas del patriarcado. En: pensando los feminismos en Bolivia. Conexión Fondos de Emancipación. La Paz, 2012. http://www.conexion.org.bo/uploads/Pensando_los_ Fe minismos_en_Bolivia.pdf

————. El tejido de la Rebeldía ¿Qué es el feminismo comunitario? Bases para la despatriarcalización, Mujeres Creando Comunidad, La Paz, 2014.

Reyes, Mario. "Los homófobos, brazo armado de una sociedad intolerante." NotieSe 19 de junio de 2004.

Sáez, Javier. "Homofobia y enfermedad". http://www.hartza.com/homofobia.htm, revisado 21 de noviembre 2014

Segato, Rita Laura. "Género y colonialidad: en busca de claves de lectura y de un vocabulario estratégico descolonial. Feminismos y Poscolonialidad", en: Karina Bidaseca y Vanesa Vazquez Laba (Comps.) *Descolonizando el feminismo desde y en América. Latina.* Ediciones Godot, Colección Crítica, 2011. http://www.forosalud.org.pe/genero_y_colonialidad.pdf

United Nations. Convention Relating to the Status of refugees. July 28, 1951, 19 U.S.T. 6259, 189 U.N.T.S. 137, *1951.*

United Nations. Protocol Relating to the Status of Refugees. Jan. 31, 1967, 19 U.S.T. 6223, 606 U.N.T.S. 267, 1967.

Weeks, Jeffrey. *Sexualidad.* México: Paidós, 1998.

Weeks, Jeffrey. *The cultural construction of sexualities.* London: South Bank University, 1992.

Weeks, Jeffrey. "La construcción de las identidades genéricas y sexuales. La naturaleza problemática de las identidades." En Szasz Ivonne, ed., *Sexualidad en México. Algunas aproximaciones desde la perspectiva de las ciencias sociales.* El Colegio de México, 2000.

Zanini, Fabio. "Según Amnistía, el activismo gay causa homofobia." Folha de Sao Paulo, 18 de julio de 2004, traducción Alejandra Sardá.

Madres lesbianas, familias resignificadas. Poco sexo, más clase y mucha raza

La familia es el elemento natural y fundamental de la sociedad y tiene derecho a la protección de la sociedad y del Estado.

Declaración Universal de los Derechos Humanos. Resolución 217 A, 1948. Organización de las Naciones Unidas (ONU)

Se debe conceder a la familia, que es el elemento natural y fundamental de la sociedad, la más amplia protección y asistencia posibles, especialmente para su constitución y mientras sea responsable del cuidado y la educación de los hijos a su cargo.

Pacto Internacional de Derechos Económicos, Sociales y Culturales, 1996. Organización de las Naciones Unidas (ONU)

La familia como grupo fundamental de la sociedad y medio natural para el crecimiento y el bienestar de sus miembros, y en particular de los niños, debe recibir la protección y asistencia necesarias para poder asumir plenamente sus responsabilidades dentro de la comunidad.

Convención de los Derechos del Niño, 1989.

La familia es la unidad básica de la sociedad. El proceso de rápido cambio demográfico y socioeconómico ha influido en las modalidades de formación de las familias y en la vida familiar y ha provocado cambios considerables en la composición y en la estructura de las familias.

Conferencia Internacional sobre la Población y el Desarrollo. El Cairo 1994. Fondo de Población de las Naciones Unidas (UNFPA)

La familia es considerada tanto por el Estado como por los organismos supraestatales como una institución natural, fundamental para la sociedad y la unidad básica de la sociedad a la que hay que proteger y respetar. Hay una intención política en naturalizar la familia. La afirmación de que es una institución que ha existido desde siempre, es un mito interesado. Gargallo afirma que las formas de asociación de los seres humanos y su regulación en lo que conocemos como matrimonio, responden en cada lugar a sus propias concepciones culturales, religiosas y genéricas, su institucionalización casi siempre refleja estratificación y una situación inferiorizada de las mujeres y los niños, y la apropiación por parte de los hombres de la capacidad reproductiva de las mujeres a las que se excluye del mundo para reducirlas a la obediencia de un núcleo privado. Privado de la sociabilidad y sus libertades y derechos (Gargallo, 2012). ¿Por qué entonces el interés del Estado, los organismos supraestatales, la iglesia y gran parte de la sociedad por preservarla y protegerla? ¿Existe alguna posibilidad de resignificarnos fuera de la organización familiar?

Anderson plantea que tanto la familia como la nación son pensadas dentro de una "ley natural", a pesar de que son históricas y contingentes, a tal punto que es posible "morir por ella", igual que por la familia (Anderson, 1993).

En la ampliación del concepto familia, la inclusión de lesbianas y homosexuales se legitima con la aprobación del matrimonio gay. Antes rechazados y perseguidos, hoy incluidos y condicionados a las dinámicas del consumo neoliberal, de los valores heteropatriarcales y pieza clave para la continuidad del proyecto colonial civilizatorio de estratificación racial y genérica para apropiarse del trabajo de las "razas inferiores" y los cuerpos de las mujeres.

La resignificación del matrimonio y la familia gay, en el contexto neoliberal y al mismo tiempo colonial, nos permite analizar el significado universalizador y totalizante del régimen familiar y su consecuente pensamiento familiocéntrico. Verdad esencial que sirve para el mercado.

La organización familiar y las estructuras de poder

¿Qué significa que la familia sea el núcleo de la sociedad? ¿Es la familia la base de la estructura social? Según Irene Meler, la metáfora de la familia como célula básica de la sociedad olvida que las células adquieren su forma de acuerdo con el tejido, es decir, la familia se estructura según la organización social, el modo económico de producción, y la cultura dominante que el sistema político necesita. En este sentido, pensar que la familia responde al interés del poder político, nos obliga a reflexionar en el papel de los sujetos y sus agencias, en este caso, del abandono que el feminismo ha hecho a la crítica de la familia y el matrimonio y el lugar subordinado impuesto a las mujeres dentro de ambas instituciones.

Uno de los primeros autores que analizó a la familia, derivada de los modos de producción de cada sociedad, fue Federico Engels, quien en *El origen de la familia, la propiedad privada y el estado*, reconoce la subordinación de las mujeres como un desenlace histórico. Si bien hay una interpretación naturalista en su análisis, respecto a la división sexual del trabajo debido a las diferencias biológicas entre los sexos, se le reconoce ser el primero que desnaturalizó la asimetría de poder entre hombres y mujeres. Para Engels, la apropiación de los medios de producción por parte de los hombres les permitió generar excedentes que dieron lugar a la herencia y al aseguramiento de la filiación masculina, en consecuencia, la imposición de la monogamia exclusiva para las mujeres, que permitió a los hombres tener control sobre su sexualidad, imponer patrilinajes y residencia virilocal (Engels, 2012). Esta perspectiva abrió la posibilidad de teorizar acerca de la existencia de cambios sociales en las relaciones entre los sexos.

Si bien la perspectiva marxista resulta más verosímil que otras, en cuanto a la organización económica, no percibe la importancia de la reproducción, tanto biológica como cultural, en el destino social de los sujetos. Teniendo a Morgan como principal fuente, el evolucionismo antropológico parte de una teleología ideológica conservadora, que establece en las organizaciones familiares observadas una especie de progresión histórica que culminaría de forma sospechosa en el modo de familizarización hegemónica de la sociedad en la que Morgan habitaba.

Lévi-Strauss, el creador de la antropología estructural, propone la existencia de dos principios fundamentales que rigieron el funcionamiento familiar: *el tabú del incesto y la división sexual del trabajo*. El primero como un pacto social entre hombres, que consistía en intercambiar a las mujeres con grupos diferentes, renunciando a la "posesión sexual" por parte de su grupo de origen, lo que les permitió a los hombres adquirir parientes varones que fueran aliados para la cacería y la guerra. En cuanto la división sexual del trabajo, Lévi Strauss consideró que la regulación social de tareas diferenciadas entre hombres y mujeres fue necesaria para la subsistencia de un grupo y que estimularía la dependencia recíproca entre sexos, favoreciendo a la formación de parejas conyugales y la reproducción ordenada dentro de organizaciones familiares (Strauss, 1991).

Los análisis de la posición histórica de las mujeres dentro de la familia fueron de suma importancia para la antropología feminista, en un intento de explicar y transformar la subordinación de las mujeres. La antropóloga feminista Gayle Rubin replanteó el pensamiento estructuralista en su artículo sobre el *Tráfico de mujeres*, donde reconceptualiza el "intercambio" de Lévi Strauss por "tráfico", aludiendo a la trata de esclavos y mujeres. Rubin señaló que el tabú del incesto presuponía otro tabú que quedaba implícito: el tabú contra la homosexualidad, por la interpretación naturalista de relaciones heterorreproductivas de Lévi Strauss. El tráfico de mujeres supuso el establecimiento de uniones cuya sexualidad fuera reproductiva, con nexos significativos entre estos arreglos sexuales y los arreglos políticos y económicos que organizan las sociedades humanas. De ahí el subtítulo de su artículo: "Notas para una 'economía política' del sexo" (Meler, 2008). Con el concepto *sistema sexo/género*, Rubin refiere que el sexo da lugar al *género*, de tal manera que este y la *heterosexualidad obligatoria* son producidos culturalmente, y las mujeres son relegadas a una posición secundaria en la familia y las relaciones humanas.

En respuesta, desde el feminismo materialista, Monique Wittig afirmó que tanto el género como el sexo son construcciones socioculturales que no tienen nada de naturales porque no tienen existencia antes de lo social. Para Wittig el sexo es una categoría política y económica impuesta para subordinar mentes y cuerpos, y determina el papel y el rol que las mujeres (y los hombres) deben jugar en la sociedad. Es la opresión la que crea el sexo, y no al revés, afirma, por lo que es necesario destruir política, filosófica y simbólicamente las categorías históricas "hombres" y "mujeres". Señala que la heterosexualidad es un régimen político que facilita la opresión de los hombres sobre las mujeres, y del cual escapan las lesbianas por ser prófugas de su clase social (mujeres). Apunta, además, que tanto la heterosexualidad como la estructura de la familia heterosexual estarían reproduciendo un régimen de dominación que habría que transformar (Wittig, 2006).

Así pues, desde distintas vertientes el feminismo plantea la necesidad de revisar la matriz heterosexual que conlleva el género y los efectos de la naturalización de la masculinidad y feminidad en la ontología de las personas y la regulación que esto implica en su forma de asociación, la familia.

Masculinidad y feminidad son distribuidos, encarnados y resignificados contradictoriamente en cada sujeto, nos dice Butler, y no hay actuaciones de la feminidad o masculinidad que sean más verdaderas que otras, sólo son formas de negociación de esos ideales, que a la vez tienden a ser más naturalizados o legitimados que otros, lo que los vuelve "más respetables" de acuerdo con un imaginario social que continúa siendo primordialmente heterocéntrico (Sabsay, 2009).

Para desnaturalizar la organización política familiar, Butler apunta la necesidad de distinguir "familia" de "parentesco", pensando en este como la comunidad que participa de las mayores celebraciones y pérdidas de nuestras vidas. "Creo que es un error restringir la idea de parentesco a la familia nuclear. Creo que todos necesitamos producir y sostener este tipo de comunidades, pero se deposita demasiado peso emocional sobre la familia y la pareja. No es necesario estar unidos por la sangre o por el matrimonio para convertirse en esenciales unos para los otros. No solamente tenemos que imaginarnos más allá de estas maneras de relacionarnos sino también cómo podríamos vivir en ellas" (Sabsay, 2009). O fuera de ella, si esto es posible, me pregunto.

Las transformaciones históricas de la familia

Dependiendo de las necesidades económicas y políticas, la institución "familia", se ha adaptado a lo largo de la historia a las diferentes culturas, pero no deja de tener como función principal e ideológica, normalizar estratificaciones, legitimar roles y regular comportamientos.

La colonia trajo al Abya Yala el modelo universal y normativizador de familia, tanto Breny Mendoza como María Lugones apuntan que para regular la familia bajo un sistema de castas y de estratificación rígida, el régimen colonial usó como estrategia la heterosexualización reproductiva y la engenerización (Lugones, 2007). Así, el concepto de mestizaje ha sido construido como una categoría heterosexual, pues implicó el producto híbrido de la relación entre el español y la mujer indígena. El proyecto occidental de blanqueamiento fue posible a través de la apropiación de sus cuerpos, de su sexualidad y su fuerza de trabajo (Mendoza, 2001).

La familia nuclear

A mediados del siglo XIX, se constituyó la noción de familia nuclear, conformada por la pareja heterosexual con hijos, hoy conocida como familia moderna. Estas eran unidades económicas, sociales y políticas que subordinaban los intereses de los hijos y mujeres a los del padre. Y a la vez, cada familia servía a los intereses de grupos de parentesco más amplios, controlados por el patriarca. Las uniones de hombres y mujeres dependían de este, quien fomentaba uniones con el objetivo de continuar con el linaje. En estas familias, que podemos denominar *premodernas*, los hombres tenían el poder indiscutido y las mujeres eran subordinadas a cambio de protección y estatus social, que además incluía el control sobre sus cuerpos, sus emociones, sus hijos y su trabajo.

La familia moderna

En la familia moderna que acompañó el desarrollo de la sociedad industrial, los hombres comenzaron a trabajar en las actividades fabriles, con lo que proveyeron abrigo y comida a su familia gracias al "salario familiar", que excluyó a las mujeres del mundo público y las recluyó al ámbito doméstico en la crianza de los niños. Con la industrialización y el capitalismo se requirió de núcleos familiares móviles, que pronto se desprendieron y alejaron de su grupo de parentesco, para vender su fuerza de trabajo en el mercado.

Hacia la mitad del siglo XX, las características normalizadoras de la familia occidental moderna fueron impuestas de forma universal, lo que conllevó a pensar en la familia como algo natural, dejando fuera otros modelos familiares. El amor romántico, el casamiento voluntario y la sobrevaloración de la maternidad son características de este nuevo modelo de familia (en el que la subordinación femenina, ahora disfrazada por los afectos sigue presente) y que se transforman en ideologías reproductoras de las desigualdades (Di Marco, s/f).

Para Silvia Federici, la familia nuclear es la institución que posibilita, a través de la división de lo público y lo privado, la división capitalista del trabajo y la esclavitud de las mujeres dentro del hogar, con el trabajo gratuito disfrazado de amor. La mistificación de la función social de la familia es funcional al capital porque le permite ocultar la duración real de nuestra jornada laboral y en consecuencia acumular plusvalía. La reproducción de la fuerza de trabajo que se hace en la familia, disfrazada de placer o de tiempo libre, aparece entonces como una elección individual (Federici, 2013).

Prácticas familiares contemporáneas

Durante los años sesenta y setenta, la brecha entre la ideología dominante y los comportamientos discordantes generaron desafíos a las familias, provocando crisis al interior de las mismas, y terminando algunas en separaciones.

El ingreso progresivo de las mujeres al mundo del trabajo productivo, la aparición de las píldoras anticonceptivas, el cuestionamiento del movimiento de mujeres al amor romántico y su concepción "para siempre" y a la jerarquización de las relaciones entre hombres y mujeres, el impacto de los avances legislativos sobre el divorcio, la patria potestad compartida, etc., influyeron en la construcción de nuevos arreglos en las relaciones de género.

Familias posmodernas y el neoliberalismo

Algunos autores comienzan a denominar a las nuevas familias como *familias posmodernas* para caracterizar la fluidez de los vínculos y las diversas estrategias que combinan viejas y nuevas formas de relaciones. Algunas características de *las familias posmodernas* son: la separación de la sexualidad, la gestación, el matrimonio, la crianza y las relaciones familiares; la convivencia de hijos de diferentes matrimonios y la consideración de los hijos como ciudadanos. Las mujeres tienen más acceso a la educación y al empleo; son menos dependientes económicamente de los maridos; tienen más cargas gracias a la doble o triple jornada de trabajo; pueden alejarse de relaciones abusivas o violentas.

Sin embargo, la implementación del sistema neoliberal ha generado un gran deterioro en los parámetros socioeconómicos básicos de la vida cotidiana, que inciden en los procesos de reestructuración de las familias: aumento de mujeres solas, jefas de hogar, nacimientos ilegítimos, madres precoces, violencia doméstica, incapacidad de las familias de proporcionar a los hijos una infancia feliz, entre otros, son parte de este cuadro de debilitamiento. Además de los efectos del feminicidio y la trata de mujeres que se han elevado en las últimas décadas.

Esta nueva economía ha generado grandes procesos de individuación donde "lo que debe ser y lo que debe hacerse" pesa cada vez menos. En la posmodernidad, la regulación social adquiere la forma de la incitación: la incitación a consumir, la incitación a gozar, ya sea sexualmente o de otro modo. Por eso, las adicciones y las compulsiones a las compras son las patologías prevalentes en la actualidad (Faur, 2005).

Las políticas neoliberales en los países llamados en vías de desarrollo, como la apertura económica a las multinacionales, la privatización de los servicios estatales, el libre cambio y saqueo de materias primas, entre otros, ha llevado a acrecentar la pobreza. En América Latina el 5% más rico de la población recibe el 25% del ingreso total. La proporción supera a lo que recibe el 5% más rico en las otras áreas del globo. A su vez, es la región donde el 30% más pobre de la población recibe el menor porcentaje del ingreso (7.6%) en relación con todos los otros continentes (Klisksberg, 2000).

De acuerdo con Chomsky, los países poderosos han buscado imponer una noción de democracia acorde a sus fines. Se espera que en lugar de ciudadanos, que exigen sus derechos, haya consumidores espectadores y obedientes. Y que todo aquel país cuyo comportamiento no garantice el enriquecimiento de los países dominantes será combatido (Colín, 2011). Para Agamben hay una relación entre el nuevo orden internacional y la continuidad del sistema político autoritario de los setentas. Las actuales democracias son funcionales para la consumación de la apertura irrestricta de los mercados y el capital trasnacional, la impunidad de los gobiernos genocidas que protagonizaron las políticas represivas, la desarticulación y desorganización de la sociedad civil, la eliminación de las alternativas políticas de izquierda mediante una neutralización y derechización de sus demandas, que las hace funcionales al nuevo orden global imperante, precisamente, desde los años setenta (Agamben, 98). Y es ese orden internacional quién paradójicamente reclama y condiciona a los Estados el respeto a los Derechos Humanos como una condición *de legitimación del poder,* entendidos fundamentalmente *como derechos liberales, individuales y universales*, imponiéndose con ello la prioridad de la libertad de mercado sobre una libertad real para todos, lo que ha significado, en la práctica, la legitimación de la explotación de los seres humanos y de la naturaleza; incrementando aún más la diferencia entre el Norte y el Sur, que no es otra que la brecha entre ricos y pobres. La exigencia de los Derechos Humanos se convierte, entonces, en la estrategia discursiva funcional del capitalismo neoliberal y de la democracia formal (Ribotta, s/f).

Recomposiciones familiares y el matrimonio gay

En ese contexto, las nuevas recomposiciones de las estructuras familiares también son funcionales al nuevo orden internacional. Jules Falquet, al analizar los efectos del neoliberalismo, plantea el surgimiento de un "nuevo" tipo de familia, que denomina *neo-nuclear*. Este nuevo modelo se relaciona con una doble lógica: por una parte, la del sistema político-económico, cuyo objetivo es individualizar al máximo las personas y destruir todas sus redes de solidaridad para que se encuentren solas frente a la máxima explotación que les espera y a la represión. Por otra parte, la necesidad cada vez más apremiante de dichas personas de sobrevivir en estas condiciones hostiles, que las empuja a conformar, si no una familia, al menos una pareja con la que pagar la renta y defenderse emocionalmente del individualismo frenético del mundo neoliberal. Para muchas mujeres (en especial aquellas que siguen ganando bastante menos que los hombres y que constituyen la mayor reserva de mano de obra que el neoliberalismo piensa exprimir hasta la última gota), y más aún para muchas lesbianas, formar una pareja y mantenerse en ella aparece como una forma de estabilidad material y emocional mínima (Falquet, 2006).

Las uniones de personas del mismo sexo que anteriormente fueron catalogadas como patológicas, ahora adquieren lugar social fundamentalmente porque el mercado neoliberal reconoció la capacidad adquisitiva de dichos sectores, para quienes ha generado un mercado rosa en el que oferta y reconoce derechos de acuerdo con la capacidad de consumo. Así, las nuevas configuraciones familiares son parte del mercado de derechos.

El reclamo del matrimonio gay por parte de amplios sectores de la disidencia sexual, seducidos fundamentalmente por el relato mítico de la estabilidad que la ideología del amor romántico otorga, no es ajena a los intereses del sistema económico neoliberal. Para el mercado neoliberal se cumple un doble objetivo: contar con una población consumidora de ofertas comerciales como viajes, cruceros, hoteles, baños, restaurantes, discotecas, tratamientos de reproducción asistida, adopciones, subrogación de vientres, metrosexualidad y hasta ciudades *gay friendly*. El otro objetivo es ejercer control ideológico desde la institución matrimonial.

En ese sentido, el consumo aparece como espejismo del acceso a la ciudadanía y el otorgamiento de derechos. El consumo produce el efecto alucinógeno de la libertad. "Cuanto más capacidad de consumo tienes, más libre eres", asegura el neoliberalismo. El libre mercado ha afilado el tino para reconocer ciudadanía y calidad de humanidad a sus consumidores y ha diseñado el camino de la inhumanidad y la esclavización para la clase trabajadora (Graeber, 2006).

Rita Laura Segato afirma que este sistema neoliberal ha generado un enorme campo paraestatal manejado por la clase política y los empresarios ligados a la corrupción y el crimen organizado, que generan millonarias ganancias, donde se comercian drogas, armas, mujeres, personas para trabajar, órganos, etc. En este contexto, nos dice, los cuerpos torturados y mutilados de las mujeres muertas por feminicidio son los medios de comunicación entre grupos criminales en disputa de territorio. El capital, afirma Segato, requiere de la pedagogía de la crueldad del crimen como forma de intimidación. Los cuerpos de las mujeres son esclavizados y deshumanizados. Este sistema necesita de pactos de poder que son exclusivamente masculinos, para quienes los cuerpos de las mujeres son monedas de cambio (Segato, 2014).

Los matrimonios gay y el feminicidio son dos caras de la moneda del sistema neoliberal. Por un lado presenta un rostro amable que reconoce los Derechos Humanos de sus ciudadanos, los consumidores. En consecuencia, el consumo estratifica en sujetos de primera, de segunda e incluso no humanos con los que el neoliberalismo trafica, esclaviza y a los que deshumaniza.

La aprobación del matrimonio homosexual en diversos países simboliza para algunos activistas la conquista más visible del movimiento homosexual. Si bien la demanda de la igualdad con los heterosexuales ha significado actualizar la naturalización del matrimonio y la heterosexualización del mismo bajo una nueva reedición de los roles sociales, ha sido planteada por los defensores como una forma de des-centramiento del heterosexismo la posibilidad de queerizarla (como si lo *queer* fuera compatible con la institución), al tiempo que conseguir la ciudadanía plena. El matrimonio homosexual, para Beatriz Gimeno, es una paradoja en sí mismo, casi un oxímoron; de ahí una fuerza deconstructora (Gimeno, 2009).

Gargallo nos dice, en la actualidad, que la mayoría de los estados han atraído el reconocimiento del matrimonio como una de sus atribuciones y lo consideran un instrumento para definir y controlar los comportamientos de los miembros de sus sociedades. La pareja casada se convierte así en una unidad económica, receptora de créditos, una garantía de estabilidad que se traduce en ofrecimiento de prestaciones laborales, sociales y bancarias (Gargallo, 2012).

Para Paula L. Ettelbrick, en su clásico texto *¿Desde cuándo el matrimonio es un camino hacia la liberación?*, afirma que el matrimonio gay permite que sólo unos pocos privilegiados obtengan derechos y ahonda el abismo de privilegios que media entre los que están casados y los que no. Los que están "adentro", tal vez podrían transformar mínimamente su tradicional dinámica patriarcal, pero no transformarán la sociedad, afirma. No demolerán el sistema de doble nivel del "tener" o "no tener". Afirma que en el principio de protección igualitaria subyace la clase, la capacidad adquisitiva, quienes podrán ser tratados de manera igual (Ettelbrick, 1989).

En 1969 Carl Wittman, activista gay señalaba que el matrimonio: "es una institución opresiva, corrupta, una institución legal de la clase burguesa para disponer de los bienes pre y post matrimoniales, para unir fortunas materiales."

El planteamiento del matrimonio homosexual como única vía para la obtención de derechos en un contexto neoliberal aparece no solamente manipulador, sino fundamentalista. Los derechos son constitutivos del sujeto, por el hecho de nacer, no de las instituciones, por lo que la obtención de los mismos no depende de la consagración de ningún contrato civil, militar o religioso, de tal manera que el ejercicio de los derechos no puede estar condicionado a ninguna institución. La calidad de sujetos de derechos no puede condicionar la adhesión a una de las instituciones más cuestionadas de la sociedad heterosexual.

Falquet nos recuerda que a pesar de la diversidad, la mundialización neoliberal tiende a imponer el ideal de familia "neonuclear", en algunos casos recompuesta con parejas del mismo sexo, como única protección posible frente a la "sociedad global", basada en valores patriarcales, burgueses y occidentales. Así, la familia neonuclear basada en la pareja monogámica no sólo tiende a volverse una necesidad material, sino un ideal, una norma, una imposición (Falquet, 2006).

La maternidad lésbica, sexo, clase, raza y biopoder

El cambio de las estructuras familiares extensas a las nucleares ha respondido pues a las necesidades económicas del sistema de producción, la nuclearización ha tendido a reducir a su máxima expresión la organización familiar, a incluso personas solas, lo que ha obligado a replantear las concepciones en torno a "la familia" como modelo único y sus funciones. El fenómeno de la legalización de los matrimonios homosexuales ha traído consigo el *boom* de la familia completa. El deseo de acercarse a la imagen de familia heterosexual, ligado al modelo del amor romántico, bajo el supuesto de que este otorga estabilidad, ha llevado a lesbianas y homosexuales a buscar hijos.

La maternidad lésbica en los años 70 y 80 del siglo pasado era una realidad poco visible, fundamentalmente de mujeres que habían tenido hijos en relaciones heterosexuales, cuya principal problemática estaba en la defensa de la patria potestad en contra de sus ex-parejas varones y el Estado, quienes bajo el argumento de que su condición de lesbianas las convertía moralmente en malas madres, no debían ejercer la crianza de lxs hijxs.

En su estudio sobre madres lesbianas de esta generación, Sara Espinosa encuentra que la mayoría de las lesbianas viven su maternidad con culpa debido al alto grado de lesbofobia, por lo que anteponen la maternidad a su vida personal y de pareja, sobre todo cuando hay un entorno institucional como la familia de origen, que les cuestiona la forma en que viven la maternidad. En tal sentido, su derecho al placer queda subsumido al cumplimiento de la imagen de buenas madres (Espinosa, 2005).

La experiencia de la maternidad lésbica fue compartida con las parejas, mostrando algunas conflictividades en torno a la presencia de los hijos. Sin embargo, y paradójicamente, muy pronto el ideal de familia nuclear con hijos fue sopesándose como el ideal de muchas de las parejas lesbianas. Al principio la estrategia consistió en buscar algún donador solidario de semen para una inseminación directa, de manera casera o por medio de inseminación asistida.

Las técnicas de reproducción asistida (TRA) se originaron en Inglaterra en 1978. Si bien aparecen como una alternativa para parejas heterosexuales infértiles, reforzó la ideología del linaje, es decir, los hijos como parte de la prolongación genética y por tanto de la propiedad privada, postergando con ello, la adopción como posibilidad de parentesco, en atención al problema de niños en situación de abandono y la socialización de la crianza. La tecnología al servicio del capital asegura con la inseminación que la propiedad se herede a hijos propios, pero para que ese hecho ocurra, hay un costo alto que pagar. La tecnología se ha encargado de sofisticar cada vez más las opciones de la reproducción asistida, asegurando con ello la figura de la familia nuclear con hijos propios como un ideal por el que vale la pena invertir.

En cuanto la tecnología médica avizoró el potencial mercado de mujeres heterosexuales que no se fecundaban y posteriormente el mercado de lesbianas dispuestas a pagar fecundaciones, evitando con ello el riesgo de la presencia masculina que reclamara la paternidad, y acercarse al ideal de familia tradicional; empezó a ofertar procedimientos cada vez más sofisticadas y precios más accesibles, lo cual produjo el *baby boom*, el entusiasmo de las parejas lesbianas por tener hijos propios en pareja.

Existen en la actualidad más de siete formas tecnológicas con las que las lesbianas pueden acceder a la reproducción asistida, pudiendo incluso inseminar *in vitro* el óvulo de una y fecundarlo en el vientre de la otra[1]. Opción cuyos costos oscilan entre cuatro a ocho mil euros por cada intento, dependiendo de las clínicas privadas donde se realizan.[2] Las más solicitadas son la inseminación artificial, que debido a la demanda, la oferta ha abaratado sus costos, encontrándose incluso precios entre 500 a mil dólares por cada intento, únicamente de inseminación. El tratamiento previo puede costar entre mil y dos mil quinientos dólares. Los precios, para el acceso de la reproducción asistida, aunque se hubieran abaratado, convierten pues a la maternidad lésbica en un asunto de clase.

No es extraño que si el mercado, en un contexto neoliberal, define las agendas del Estado, tampoco debe causar extrañeza que el mercado de la tecnología de las inseminaciones asistidas, con ingentes

---

1   El método Ropa, recepción de óvulos de la pareja, consiste en realizar una fecundación in vitro (FIV) a la madre no gestante e implantar los óvulos ya fecundados en la gestante. De esta manera, la madre gestante dará a luz a un bebé genéticamente de la no gestante. Así, una será madre gestante y la otra madre biológica.

2   http://www.mirales.es/sociedad-activismo/guia-util-10-maneras-de-acceder-a-la-maternidad-lesbica/

ganancias en la producción de vidas humanas, haya influido en las decisiones del Estado para legalizar dichas uniones y haya entendido que la presencia del Estado como regulador de tales relaciones tiene más rédito que la ausencia del mismo.

La casta

La conformación de una familia nuclear lésbica con hijos puede ser parte de un proyecto de vida de muchas de ellas, así la planificación de la misma ha implicado la posibilidad de la elección de las características fenotípicas delx niñx por nacer. Las lesbianas cuyos ingresos económicos no les permiten una inversión económica, elegirán la inseminación directa de cualquier amigo solidario o desconocido incauto, con los riesgos de salud que esto puede conllevar. Para evitar esos riesgos, el mercado garantiza a las consumidoras que el donante esté libre de ETS u otras enfermedades y le ofrece la posibilidad de elección de las características fenotípicas.

¿Quiénes son los donantes? Las clínicas privadas que cuentan con bancos de semen tienen criterios de selección. Algunas reciben únicamente donaciones de jóvenes europeos, otras cuidan fundamentalmente los ámbitos de la salud y algunas tienen el criterio de que si el semen de un donante fue usado exitosamente por tres oportunidades, queda excluido de otras donaciones debido a las conexiones de parentesco a que pudiera dar lugar. Sin embargo, si bien no hay restricciones específicas en las características fenotípicas de los donantes, la mayoría de bancos de semen acepta donantes preferentemente anglosajones.

Por otro lado, y en correspondencia, la elección de las características fenotípicas que las lesbianas hacen para su inseminación son preferentemente anglosajonas. Para Karina Vergara, la elección de niñxs blancos está justificada por el deseo de buscar parecidos con algún antecesor casualmente blanco, de color de cabello y ojos claros (Vergara, 2009). En la investigación sobre madres lesbianas llevada a cabo por Sara Espinosa, igualmente es menester observar que la elección "güerita" es la preferente. Un acercamiento a algunas madres lesbianas también me permitió corroborar dicha constante, algunas de ellas argumentaban la elección con el simple deseo de que fuera "alto", lo cual refiere a cierto tipo racial. La elección posibilita revisar el árbol genealógico del candidato donante y las características fenotípicas de cada uno de los familiares ascendentes y colaterales y así asegurar las características fenotípicas deseadas. Observamos también que en los grupos activistas de *familias diversas*, en México, un porcentaje importante de lxs hijxs de las lesbianas son niñxs blancxs, rubixs y de ojos claros (Espinosa, 2005).

Para el caso de homosexuales, la técnica médica ofrece la subrogación de vientres o alquiler de vientres, en el que uno de los sujetos funge de donador, cuyo semen se insemina en el vientre alquilado.[3] En estos casos también están presentes la idea de la propiedad sobre los hijos y las características fenotípicas de los padres, incluida las de la mujer gestante. Los costos de este procedimiento son mayores a los del TRA debido a que generalmente la pareja debe pagar a la persona gestante la manutención del tiempo del embarazo, los gastos médicos del embarazo y el parto, las condiciones de salud del posparto de la gestante, así como el costo del alquiler del vientre para el embarazo.

Preexiste obviamente una valoración racista en la elección, la idea de mejorar la raza, que no está lejana al proyecto nazi de la raza superior, ni al proyecto civilizatorio de estratificación racial y genérica que hizo la colonia para apropiarse del trabajo gratuito de las "razas inferiores", y para ello, se valió de la violación y apropiación de los cuerpos, sexualidad y reproducción de las mujeres indígenas y negras.

Teresa Garzón en su tesis de doctorado, "Un olvidado racismo. Blanquitud en la literatura escrita por mujeres colombianas", plan-

---

3   La subrogación de vientres es usada también por lesbianas que no pueden o desean gestar, haciendo uso de la técnica ROPA, inseminan el óvulo de una de ellas en el vientre subrogado, generalmente en el acta de nacimiento no aparece el nombre de la madre subrogada.

tea que la política de blanquitud ha estado presente en la construcción del Estado-Nación republicano y se ha valido del tráfico de
mujeres. En el proyecto de nación, las élites criollas se esforzaron
por crearse y producir al "pueblo": la diferencia racial y regional,
con miras a ostentar poder simbólico. Bajo esta lógica, la élite se
disputaba entre enfrentarse con un pasado colonial violento y ge-
nocida y reivindicar y enaltecer lo civilizado que representaba lo
hispano. Detrás de la percepción de la sociedad como producto del
mestizaje existe un fenómeno enmascarado de racismo que afirma
una "democracia racial", pero cuyo objetivo es el blanqueamiento,
en este proceso el tráfico de mujeres garantizaba el mejoramiento de la raza y la preservación de la ideología occidental (Garzón,
2014).

¿Qué relaciones se encuentran entre la tecnología de producir
vida, es decir, del biopoder y la idea de raza pura? La "biopolítica" entendida como el "conjunto de saberes, técnicas y tecnologías
que convierten la capacidad biológica de los seres humanos en el
medio por el cual el Estado alcanza sus objetivos", es decir, la intención políticamente deliberada del Estado por potenciar las capa-
cidades físicas e intelectuales que considera valiosas, ya que estas
constituyen el instrumento gracias al cual los agentes lograrán sus
propósitos; tiene como objetivo reforzar las estratificaciones sociales que son funcionales fundamentalmente al capital. Los pode-
res impulsan o quitan la vida. Según Foucault, desde la biopolítica,
el ser humano constituye una materia prima, como la tierra o los
recursos naturales, que los agentes con poder se esfuerzan en potenciar para extraer todos los beneficios posibles (Foucault, 2004).

Quijano nos advierte que la invención de la raza reposiciona relaciones de superioridad e inferioridad establecidas a través de la dominación para el control del trabajo, el sexo, la autoridad colectiva
y la intersubjetividad. La división del trabajo se halla totalmente
racializada y geográficamente diferenciada, la colonialidad mantie-
ne un cuidadoso entrecruzamiento entre trabajo y raza (Quijano,
1991). Elegir el fenotipo de los hijos supone, desde el control de
la intersubjetividad propuesta por Quijano, efectivizar la preten-

MADRES LESBIANAS, FAMILIAS RESIGNIFICADAS

sión aspiracional de ser blanco para ubicarse en la estratificación del poder. El lugar que ocupan los cuerpos racializados da cuenta de la permanencia del sistema de castas colonial que estratificaba las razas. Los cuerpos indígenas o mestizos son para el trabajo, cualquiera que sea el lugar geográfico, los trabajos más duros están destinados para ellos. Un cuerpo blanco significa, por el contrario, lugar del poder. La elección de un posible destino para los hijos ubica a las madres lesbianas en un lugar en el biopoder.

Francesca Gargallo define el matrimonio como un instrumento para la adquisición legal de la capacidad femenina de ser madre o, más precisamente, afirma, es el instrumento legal, avalado por diversas tradiciones, para que el colectivo masculino, de forma individual o colectiva, se apropie de la capacidad reproductiva de las mujeres y de lo que considera femenino, reduciendo su libertad de goce e instaurando las bases de la heteronormatividad. Con ello, ciertos hombres adquieren el derecho de definirse como dominadores de su sociedad. Los gobiernos que controlan otorgan y quitan derechos a las personas que se casan y a las que no se casan: desde la transmisión de la nacionalidad –cosa que hoy, en épocas de represión de la libertad de movimiento y criminalización de las migraciones, no debe dejar de tomarse en consideración (Gargallo, 2012).

Los matrimonios gays fueron legalizados bajo la complacencia del libre mercado, para favorecer a la economía capitalista, reproducir un sistema de dominación y ser favorecidos, en la medida de su capacidad adquisitiva, con la posibilidad de ser parte de una casta.

La limpieza de sangre, el lugar de jerarquía absoluta, el temor al ascenso del mestizo, de la misma manera que en la colonia, siguen siendo elementos en la determinación biopolítica de la raza, y parece no haber mejor lugar que en la maternidad lésbica asistida. Mediante la elección del fenotipo para los hijos, la raza blanca garantiza un lugar privilegiado.

El control biopolítico de la sexualidad y la raza en la colonia fue posible mediante el heterosexualismo y la apropiación de los cuerpos de las mujeres como parte del territorio conquistado. Para satisfacer la necesidad del capital fueron necesarios cuerpos suficientes en número, para la explotación, y los precisos para el control. La reproducción lesbiana asistida es apropiada por el colectivo de científicos hombres, blancos y heterosexuales, quienes desde la lógica cartesiana afirmarán: "yo conquisto y extermino, luego existo",[4] en referencia al proyecto epistemicida de validar la razón imperial moderna que niega y subvaloriza a los sujetos y saberes no-occidentales.

La política del biopoder hace posible la hegemonía racial, clasista, heterosexista y monogámica. Para eso, la apropiación de una sexualidad reproductora es posible bajo otra verdad epistémica euronorcéntrica, la tecnología médica. La especificidad de la reproducción lésbica, que permite la posibilidad de elegir un fenotipo, está dando lugar al blanqueamiento y, en consecuencia, no sólo a un tipo de etnocidio, también a un epistemicidio. No hay necesariamente un sexo violado, pero el uso del cuerpo permite el ejercicio del biopoder. El control del sexo, sus recursos y sus productos son efectuados. Una operación donde hay poco sexo, más clase y mucha raza.

No quiero decir con esto que todas las madres lesbianas, ni las que tienen hijos blancos por elección fenotípica, estén colonizadas, sin embargo es interesante analizar el papel que las mujeres blancas burguesas tenían en la colonia.

La pureza y la pasividad sexual son características cruciales de las hembras burguesas blancas, nos dice Lugones, quienes son reproductoras de la clase y la posición racial y colonial de los hombres blancos burgueses. Pero tan importante como su función reproductora de la propiedad y la raza es que las mujeres burguesas blancas sean excluidas de la esfera de la autoridad colectiva, de la producción del conocimiento, y de casi toda posibilidad de control sobre los medios de producción (Lugones, 2007).

---

4   En alusión a los aportes que hicieron Enrique Dussel y Ramón Grosfoguel a la propuesta cartesiana.

¿Cómo es posible que siendo el sistema de género heterosexualista, patriarcal y racializado sobre la producción, incluida la producción del conocimiento y la autoridad colectiva, cómo es posible que integre a las lesbianas en su proyecto de familia? Si la heterosexualidad es, a la vez, compulsiva y perversa ya que provoca una violencia significativa contra los derechos de las mujeres, sirve para reproducir el control sobre la producción; la reproducción lésbica, tecnológicamente asistida, tiene un sentido heterosexual porque la elección de un fenotipo no está libre de los valores dominantes del grupo de hombres blancos heterosexuales y científicos, cuya verdad es el conocimiento tecnológico y la limpieza racial.

Vergara afirma que el poder de la ciencia al alcance de unas cuantas personas con capacidad adquisitiva no es un accidente económico, refuerza una posición de clase. El privilegio de pocas posiciona a la sujeta en el lugar de la construcción opresora (Vergara, 2009).

Las adopciones podrían ser valiosas opciones en la constitución de familias resignificadas, sin embargo, es la menos socorrida. En la mayoría de los lugares, esta opción no está legalmente permitida a lesbianas y homosexuales. La posibilidad de adoptar como soltera/o es difícil, justamente porque la valoración de familia constituida, prima en los jueces para quienes es preferible que los orfelinatos estén llenos de niñxs abandonadxs. En los lugares donde la adopción es permitida a disidentes sexuales, las lesbianas son la que menos recurren a esta posibilidad por lo engorroso del trámite como por lo atractivo que resulta para ellas la opción de los hijos propios y la elección racial.

Para el caso de varones, la adopción tampoco es frecuente, aún en lugares donde la ley lo permite, son pocos los casos de adopción y aun cuando el trámite es gratuito, los solicitantes deben presentar la documentación autenticada por notario público quien da fe de que el documento oficial emitido por determinada instancia es válido. Lógica que encarece la burocracia y enriquece al notario.

De esta manera, el oportunismo sistémico, amolda una vez más la transgresión incómoda a la institución matrimonial, así, la familia, la raza, el capital, la clase, se acomodan de manera adecuada y rentable al sistema neoliberal.

Me pregunto si la desobediencia epistémica, el rechazo de la idea mágica de modernidad occidental, de los ideales humanos y las promesas de crecimiento económico y prosperidad financiera nos posibilitará concebir una organización social fuera del pensamiento familiocéntrico colonial, heterosexual, monogámico, racializado y funcional al mercado. Me pregunto si cambiarle el nombre a la familia por comunidad, ayllu, Ch'i'ibalil, láak'tsilil, alaxik, nepentlatkikayotl, ayudará a pensarnos fuera de la trampa. Resignificar nuestros afectos fuera de la propiedad y su transmisión como herencia, del linaje, de la obligación heterorreproductora, de la marca institucional de la estabilidad, de la monogamia obligatoria, de la nuclearización occidental y neoliberal es una aventura por inventar, ¿te atreves?

Bibliografía

Agamben, Giorgio. Homo sacer. Valencia: Pre-textos, 1998.

Anderson, Benedict. *Comunidades imaginadas. Reflexiones sobre el origen y la difusión del nacionalismo*. Fondo de Cultura Económica, México, 1993. http://www.perio.unlp.edu.ar/catedras/system/fi les/anderson_benedict-_comunidades_imaginadas.pdf

Di Marco, Graciela, Las familias, s/f., consultada 11 septiembre 2014. http://es.scribd.com/doc/44545026/Las-Familias-Graci elaDi-Marco

Engels, Friedrich. *El origen de la familia, la propiedad privada y el estado*. Biblioteca virtual Espartaco, transcripción 2012. http:// www.marxists.org/espanol/m-e/1880s/origen/el_origen_de_ la_familia.pdf

Espinosa, Sara, Familias de elección: Hogares conformados por madres lesbianas, tesis para obtener el título de Maestría, UAM X, 2005.

Ettelbrick, Paula L., ¿Desde cuándo el matrimonio es un camino hacia la liberación?, http://es.scribd.com/doc/225949964/DesdeCuando-El-Matrimonio-Es-Un-Camino-Hacia-La-Liberacion

Falquet, Jules, *Algunas teorías lésbicas*, Brecha Lésbica, Colombia, 2006.

Jules Falquet. *De la cama a la calle: perspectivas teóricas lésbico-feministas*, Brecha Lésbica, Colombia, 2006.

Faur Elianor, Democratización de las familias. UNICEF, 2005. http://www.unicef.org/argentina/spanish/Democratizacion.pdf

Federici, Silvia (2013), Revolución en punto cero. Trabajo doméstico, reproducción y luchas feministas, España, Traficantes de sueños, https://www.traficantes.net/sites/default/files/pdfs/Revolucion%20en%20punto%20cero-TdS.pdf.

Foucault, Michel, *Nacimiento de la biopolítica*, 2004

Gargallo, Francesca, La propiedad privada es la base del matrimonio. Festival Internacional por la Diversidad Sexual, Ciudad de México, 22 de junio de 2012.

Gimeno Beatriz, La institución matrimonial después del matrimonio homosexual. http://www.flacsoandes.edu.ec/iconos/images/pdfs/Iconos35/Dossier-Gimeno-Barrientos.pdf

Garzón, María Teresa. "Un olvidado racismo. Blanquitud en la literatura escrita por mujeres colombianas", tesis para obtener el doctorado en estudios de la mujer, Universidad Autónoma Metropolitana, Unidad Xochimilco, México, 2014.

Graeber, David, *Dándole la vuelta a los modos de producción o, por qué el capitalismo es una transformación de la esclavitud*. Critique of Anthropology 26 (2006): 61-85.

Kliksberg, Bernardo, La situación social de América Latina y sus impactos sobre la familia y la educación. Centro de documentación en políticas sociales, documentos / 24, Bs. As., 2000. http://www.buenosaires.gob.ar/areas/des_social/documentos/documentos/24.pdf

Lévi-Strauss, Claude. *Las estructuras elementales del parentesco*, Paidós, 1991.

Lugones, María, Heterosexualismo y el sistema colonial/moderno de género. Hypatía, vol. 22, n°1 (invierno 2007).

Meler, Irene. Las familias, 2008. http://www.redalyc.org/pdf/3396/339630251009.pdf

Mendoza, Breny, La desmitologización del mestizaje en Honduras: Evaluando nuevos aportes, *Mesoamérica* 42, diciembre de 2001. http://istmo.denison.edu/n08/articulos/desmitologizacion.html

Mignolo, Walter, Desobediencia epistémica, pensamiento independiente y libertad de-colonial, en Otros Logos, Revista de estudios críticos. Centro de estudios y actualización del pensamiento político, decolonialidad e interculturalidad. Universidad Nacional del Comahue. Año I, Nro 1. 2002.

Mogrovejo, Norma, Los derechos no se condicionan. La Jornada, Letra S, 3 de mayo del 2012, N°190 http://www.jornada.unam.mx/2012/05/03/ls-opiniondos.html

Quijano, Aníbal. Colonialidad del poder, eurocentrismo y América Latina, 1991. En: *Colonialidad del saber, eurocentrismo y ciencias sociales*. CLACSO-UNESCO 2000, Buenos Aires, Argentina.

Ribotta, Silvina, Globalización vs. Derechos Humanos, CEDHU, s/f. http://www.derechos.net/cedhu/globaddhh_06_03.htm

Segato, Rita Laura, Inseguridad, narcotráfico y fractura social, 9no Encuentro, debate plataforma 2012, 29 de mayo 2014, Argentina. https://www.youtube.com/watch?v=vnuZfCwTFNU

Sabsay, Leticia, *Judith Butler para principiantes. Página 12. 9 de* mayo 2009. http://www.pagina12.com.ar/diario/suplementos/soy/1-7422009-05-09.html

Vergara, Karina, Maternidad lésbica: ¿Para qué? CIMACNOTICIAS 13/01/2009 http://www.cimacnoticias.com.mx/node/46056

Quijano, Aníbal. 1991 Colonialidad del poder, eurocentrismo y América Latina. En: Colonialidad del saber, eurocentrismo y ciencias sociales. CLACSO-UNESCO 2000, Buenos Aires, Argentina.

Wittig, Monique, *No se nace mujer*, Egales, 2006.

www.ingramcontent.com/pod-product-compliance
Lightning Source LLC
Chambersburg PA
CBHW060511280326
41933CB00014B/2918